住友達也
*Tatsuya Sumitomo*

ザッソー・ベンチャー

# 移動スーパー
# とくし丸のキセキ

西日本出版社

# まえがき

移動スーパー「とくし丸」創業の年、２０１２年1月1日から意識してブログを書き始めた。本書はそれを元にしている。

人生初めての創業は、もう37年も前になる。徳島で初めて定着したタウン誌「あわわ」の創刊だった。23歳で始めて、46歳でリタイアしたから、それまでの人生のちょうど倍、23年間「あわわ」をやっていた計算になる。その後出版したのが『徳島タウン誌風雲録――あわわのあはは』(西日本出版社)という単行本である。書き上げるのに1年半以上かかったのを覚えている。だから今回の第二創業を前に、ブログで書き留めておこうと決めていたのだ。

この『とくし丸のキセキ』の中には、あわわ時代にやった吉野川第十堰の住民投票に関わる話などが突然出てきたりするが、そこら辺については前著『あわわのあはは』をぜひ読んでいただけたらと思う。

さて、本題の「とくし丸」である。まずは「とくし丸」そのものをよく知らないという方々のために、簡単に説明しておく必要があるだろう。

最初に、我々とくし丸本部が地域のスーパーと契約し、販売パートナーと呼ばれる個人事業主が車両を購入し、その地域のスーパーと契約する。そして売上の17％が販売パートナーの収入となり、さらに「プラス10円ルール」という手法によって、利益率を大きく改善させた。これはスーパーの店頭価格に＋10円するというもので、お客さんに負担していただく＋10円を、それぞれ5円ずつ、スーパーと販売パートナーに還元させるという仕組みである。

また、販売パートナーは商品をスーパーから仕入れるのではなく、販売代行するという形になるので、仕入れはゼロ。売れ残った生鮮食品も、夕方5時までに拠点店舗に帰って返却すればよいというルール。なので、まったくの異業種からも参入しやすく、組織に縛られたくない、人間関係のヤヤコシサにウンザリしている、社会に喜ばれる仕事がしたい、などという人たちに結構人気になっていたりする。ま、ココらに興味のある人は、実際にとくし丸に乗っている水口美穂さんの本『ねてもさめてもとくし丸──移動スーパーここにあり』（西日本出版社）を読んでいただくか、とくし丸のホームページを見ると、より詳しく分かっていただけるはず。気になる「収入」についても事例が掲載されているので、ぜひ参考にしていただきたい（地域によっては、只今、販売パートナー絶賛募集中！である）。

そして、よく誤解されるのだが、とくし丸はいわゆる「フランチャイズ」ではない。ロイヤリティ（あるいは会費、といった方が正しいか）は「テイガク制」となっている。これは「定額制」であり「低額制」でもある。提携先のスーパーから頂戴する金額は、とくし丸1台につき毎月3万円のみの固定額なのである。だから、その地域で売上が上がれば上がるほど、利益はスーパーと販売パートナーに「還元される仕組み」になっているのだ。

この事業プランを知り合いの経営者数人に話したところ、ほぼすべての方々から、「そりゃ歩合制にすべきだ」という意見をいただいた。が、それはやりたくなかった。ここまでハードルを下げることで、イッキにこの事業を全国に広げたかったのだ（おかげで僕は、しばらく無給状態が続いたけれど）。

それぞれの地域の資本、組織、人材で循環していく仕組みを作りたかった。「地域のことは地域で解決する」。そんな持続可能なビジネスになればという想いが強くあった。いうなれば、とくし丸という緩やかな繋がりで、「地域連合を作る」。そんな事業を目指しているのだ。

僕にとっては「第二創業」となる株式会社とくし丸をスタートさせて、はや6年以上。もはや創業期はとっくに過ぎて、次の世代に引き継がなければいけない段階に入ってきている。ここらでクギリを付ける意味も込めて、この1冊にまとめてみた。

新しい時代は、お行儀の良すぎる優等生には創れない。前の世代を否定するくらいの勢いとガムシャラさのあるヤンチャな奴が世の中を変えていくはずだ。僕もこの歳になってまだ、くだらない常識やケンイと闘っているつもりだけれど、もうそろそろバトンタッチの時期が近づいているような気がする。

で、まずは読んでみてほしい。編集するため繰り返し読み込みながら「いいこと書いてるわ」と何度も思った。自画自賛と言われるかも知れないが、創業時のリアルな気持ちが、今でも素直に伝わってくるのだ。だから、可能な限り手を加えず、書き留めた当時の文章をそのままにしておいた。

『とくし丸のキセキ』は、とくし丸の「軌跡」であり、「奇跡」でもあるのだ。

# 目次

## 第2章―2013年―在野の雑草

## 第3章　2014年　芽吹き

## 第4章 2015年──石の上にも3年



## 第5章 2016年以降──移動スーパー元年

# 第1章 ―― 2012年 ―― 第二創業の志

## 決意

**1月1日**

去年の始めから、ずーーっと考え続けていた。半年ほど前からは「寝ても覚めても」考え続けていた。この数ヵ月は、うなされながら寝ていた気がする。

でも、もう吹っ切れた。僕は「やる」のだ。そもそも「やってみなければ分からない」のである。これは「世間」と「僕」の「勝負」である。僕が間違っているのか？　外しているのか？　大いなる勘違い野郎なのか？　それが問われるのである。

２０１２年1月11日、会社を創業する。

「あわわ」から数えると、二度目の本格的な「創業」だ。友達の会社に、少しだけ出資したり、役員になったりはしたけれど、今回は、自分自身がリスクを負って、本気で取り組むのだ。どうなるか分からない。いや「どうにかする」のが僕の役目だ。「どうにかできる」と思って創業するのだ。

「あわわ」をリタイアしてから、８年半の期間は、充分に充電期間になったし、そもそも長過ぎたかも知れない。

こんな年明けを迎えるなんて予測もしてなかったが、今年は、そんな年なのである。

## 1月3日

起業すると、「どこまで伸ばすのか?」ということが大きな問題になってくる。まだ会社登記も終わってないくせに、こんなことを考えるのはアホの所業かも知れないが、二度目の創業ともなると、つい考えてしまうのだ。

組織は、何らかの「目的」を持って立ち上がる。なのに、いつの間にか当初の目的が見失われ、その組織の「存続」そのものが目的になってしまうのだ。そして「存続」するために「成長」を強いられる。

何ともコッケイで、悲しい末路が待っているように思えてならない。

では、なぜまたも起業しようとしているのか?

今までの会社のイメージは、「成長」=「垂直方向」だけど、今回の組織は、「成長」ではなく「広がり」=「水平方向」のイメージなのだ。

「それは、フランチャイズだ」と言われるかも知れないが、フランチャイズとも、また違う。フランチャイズは、本部が利益を吸い上げるイメージが強い。そこに参加する人たちを「生かさず殺さず」ギリギリまで追い込んで利益を持っていく。外から見ていると、どうしてもそんなふうに映ってしまう。

でも、僕がやりたいのは、そこに参加する人たちで、「利益をシェアする」というやり方だ。

誰かが大儲けするのではなく、それぞれがそれぞれの役割分だけシェアをする。そんな仕組みが作れないか、という思いなのだ。

しかも、「ありがとう」と言われる仕事がしたい。仕事に関わる時間は、とても長い。ならば気持ちよく、心地よく仕事に関わりたいものである。もちろん「仕事」である以上、乗り越えなければならない大変なこともたくさんあるだろうが、結果、人に喜ばれ、何らかの役に立てるような仕事ができれば、と考える。

ストレスを溜め、自分をごまかし、毎日愚痴をこぼすような、そんな仕事ならやりたくない。当たり前だが、霞を食って生きていけるわけではないから、お金はとても大切だ。でも、無理して稼いだお金ではなく、喜ばれて「お布施」のように巡ってきたお金で暮らしを支えたいと思うのだ。

共産主義が崩壊し、今や資本主義すら危うくなってきている。

新しい時代には、新しい価値観と仕組みが必要になってくる。僕のビジネスプランが、その答えであるはずもないが、でも、何かのヒントになるかも知れない。

ま、現実は理屈ではない。現場は、とてもシビアで冷徹なものだ。正月休みが明けたら、とりあえず理念や理屈は心の隅において、会社設立に向けて奔走しよう。

## 1月4日

1月11日の会社登記準備のため、資本金となるお金の準備。1000万円の資本金を、銀行口座に振り込む。

信頼している数人の経営者の方々から「住友君がやるなら資金出すよ」という、泣きそうになるような言葉をいただいた。が、しかし、ここは自力で何とかしたいと考えている。

資本金1000万円にもかかわらず、実は昨年末までに、すでに600万円以上の発注を出してしまっている。会社登記費、商標登録費、ロゴデザイン費、テーマ曲制作費、そして2月から実証実験に使う特別仕様の軽トラック2台分の車両費。

会社登記も終わっていないのに、発注だけは先行している。なんとこの会社、設立してすぐ、資金の半分以上が支払いに回ってしまうのだ。

運転資金は大丈夫なのだろうか？

で、たぶん。設立すぐに銀行から1000万円の借り入れをしようと考えている。残った資本金の400万円弱と合わせて、約1400万円がこれからの運転資金になるということだ。この資金が尽きるのが先か？　損益分岐点を超えるところまで辿り着くのが先か？　これが勝負の分かれ目になる。

1、2年で結果が出る。ビジネスの世界は、とても厳しい。でも、だからこそ軌道に乗せた時の喜びも、また格別なものなのだ。正直、怖い。とても、怖い。にもかかわらず、ソレを上回る夢と希望が「その先」にあると信じて進むのだ。

## 1月5日

午前中、会社登記の手続き書類にハンコ押し。いったい何箇所ハンコを押さないといけないのか、と思うほどの数。これぞ日本の事務手続き、である。

その後、とくしま産業振興機構の知り合いとランチ。資金調達に関してのアドバイスをいただく。おかげで「そっか！」と気づくところがあり、その足で、某銀行の融資課へ直行。ビジネスプランを聞いていただき、とても褒めてもらった。が、これも予測の範囲である。今まで何度となく、いろんな人たちにプレゼンしてきたが、皆さん褒めてくれる。こちらの方が「ちょっと心配」になってくるくらいの反応ばかりだ。

要は、これが机上論で終わるのか、現実世界で通用するプランなのか？　結局、「やってみるしかない」ところまで来てしまった。

夕方から、提携先スーパーの社長、専務、店長と打ち合わせ。

3時間以上に及ぶ充実した会議だったけど、最後は「やってみないと分からない」という結論に到達。

やっぱし、ね。

理念も、志も、プランも、とてもよくできている。でも、本当に世の中が反応してくれるのか？　もはや、それに尽きるのだ。２月中旬には車両が仕上がってくるので、とにかく実証するのはそれからだ。今は、下準備を滞りなく進めるのみである。

## 買い物難民を救いたい

**1月6日**

「移動スーパー」、である。意外かも知れないが、そーなのだ。

グローバリズム、ICT、デジタル、そんな言葉と正反対にある、超ローカルで、超アナログで、そしてヒューマンなビジネスをやろうとしているのだ。

スマホにインターネット、ロボットにAI……、いったいどこまで便利になるのか？と思うけど、便利になればなるほど、放ったらかされたり、忘れ去られたり、無視されたりするものがどんどん増えているような気がしてならない。

いわゆる「買い物難民」もそのひとつだ。

そもそものきっかけは、徳島の田舎・土成町《どなりちょう》に住む僕の両親だった。２人とも80歳を迎え、それでもまだお袋は車の運転をしている。そろそろ運転を止めさせないと、と思った瞬間、2人は買い物難民になってしまうのだ。

お袋に、よくよく話を聞いてみると、周辺にも買い物に困っているお年寄りがたくさんいることが判明。土成町はまだコミュニティがしっかり形成されているから、皆さん何とかやっていけているようだが、それでも結構深刻な状況になってきている。

半年ほど前から、先行事例としてお手本にさせていただいた、鳥取県にあるスーパー「あいきょう」社長・安達享司さんのところに何度も足を運び教えを請い、勉強させていただき、昨年11月には実際にトラックの助手席に乗って、2日間の販売体験もさせてもらった。

その他、各県で実際に稼働している移動スーパーに関する情報を収集し、事業の可能性について検討を重ねてきたのだ。

僕のビジネスプランは、スーパー、個人事業主、そして本部機能のとくし丸。この三者が役割分担を明確にすることで、リスクを分散させるという日本では初のモデルである。他の事例は参考にはなるが、あくまで参考データであって、そのまま通用する資料にはなり得ない。

だからこそ、考え、悩み、苦しみ、のたうち回っているわけだ。

新しい仕組みを作りたい。持続可能なビジネスモデルに仕上げたい。そのためにどう工夫をし、どんな組み合わせを構築していくのか？

さっき、カタログハウスの創業者・斎藤駿さんに面会のアポを取った。僕が尊敬する数少ない創業者のひとりだ。ちょうど、「日本ペンクラブ」の環境委員会に出席する予定もあったので(僕も環境委員のひとりである)、その翌日に会っていただくことにした。すでに事業プランの資料を送っており、電話ではお褒めの言葉をもらったが、果たしてどんな組み方ができるのか? その可能性を、しっかり話してこようと思っている。

ペンクラブでは、「脱原発」についての会議があり、俳優であり、作家、ジャーナリストでもある中村敦夫さんに久しぶりにお会いできるのも楽しみだ。敦夫さんには、「25年後の日本を知るため、チェルノブイリに一緒に行こう」と誘ってもらっている。これも、スケジュールさえ合えば、ぜひ参加したいと考えている。

## 1月7日

そもそも「カタログハウスの斎藤さんに相談してみたら?」と言い出したのは、評論家の佐《さ》高信《たかまこと》さんである。

先々月だったか、「高松で講演するので、徳島近いだろうから来たら」と佐高さんから連絡があった。で、長らくお会いしてなかったので出かけていった。その時、楽屋で今回の事業プランを話して、アドバイスを受けたのである。

佐高さんは、何を気に入ってくれたのか、僕のことをいろんな本に書いてくれている。『抵抗人名録──私が選んだ77人』の中の、まさに77人の1人に取り上げてくれてるし、最近出した『現代日本を読み解く200冊』の中の1冊にも僕の唯一の著書『あわわのあはは』を選んでくれている。驚くのは『虚飾の経営者・稲盛和夫』の中の対談で、僕の話を（お知らせもなく）話題に出している。

僕は、稲盛和夫さんを塾長とする「盛和塾」メンバーでもある。「虚飾の経営者」って、そこまで言っちゃっていいんでしょうか？って気もするけど、佐高さんの立ち位置も、僕は充分理解しているつもりなので、ま、そーゆーことである（どーゆーことなっ）。

ま、とにかく。

佐高さんに言われて「なるほど！」と瞬間的に感じた。「そーか、斎藤さんに相談するっていう考え方もあったか！」と気づかされたのだ。

## ブランディング

### 1月8日

移動スーパーで使用するオリジナル曲を、徳島音楽界のドン・柳町春雨師匠にお願いしていたところ、「デモ曲ができたから聞きに来なさい」との電話があった。さっそく春雨さんが経営する「ココナッツ・スタジオ」へ。

春雨師匠には、「お年寄りにも馴染みやすく、子供でもすぐ覚えられて、軽快で楽しく、思わず笑みがこぼれてきそうで、それでありながらオリジナリティに溢れた曲に仕上げてくださされ。ついでだから、この事業が絶対に成功するという祈りを込めたヤツね。そうそう、いつものことですが、格安で」という、僕にしてはちょっと控えめなリクエストをしてあった。

師匠独特の軽快なリズムに、こちらの要望をしっかり取り入れてくれた、素晴らしい曲が出来上がっていた。

スタジオで受付をしてる女の子など、すでに曲を口ずさんでいた。それほど馴染みやすく、覚えやすく、特徴ある仕上がりだ。

世の中には、商品そのものに力があるにもかかわらず、メジャーになりきれない商品がたくさんあるように思えてならない。それは、商品力にプラス、見せ方、演出、売り方に問題があるからではないだろうか。要は「プロデュース力」である。

会社も商品も、成功させるためには、このプロデュース力がとても重要になってくる。そして、それこそが経営者の力量次第なのだ。

春雨さんにお願いしたテーマ曲も、数週間すれば完成品として仕上がってくるだろう。明日は、如月舎の藤本孝明さんにお願いしていたロゴデザインも上がってくる予定だ。

新会社のイメージを決定づけるいろんなものが、形になって現れ始めている。商品力も、ブランド力も、全国区で通用するレベルに、必ず仕上げてみせる。

## 1月10日

とくし丸。これが新しい会社の名前であり、移動スーパーのブランド名である。「篤志丸」であり「徳島る」でもある。

ま、初めて作ったブランドが「あわわ」なのだから、こんなものなのだ。「あわわ」は「Our輪（私たちの輪）」であり「阿波和（阿波の和）」なのであった。実は、後付けのゴーインなこじつけではあるのだが……。

あまりに気合いの入り過ぎた名前ではなく、ちょっと気の抜けたのほほんとした名前が、基本的に好みなのだと思う。

画数も少なく、平仮名の柔らかさと耳障りの優しさが気に入っている。もちろん「地域ミッチャク」を意識したネーミングだ。が、デザインをお願いしている如月舎の藤本さんは大変だったと思う。いつも無理なお願いばかりを聞き入れてもらって、本当に申し訳ない。

そうそう、僕の著書『あわわのあはは』の表紙も、「藤本孝明作」であった。

で、本日。そのロゴが仕上がってきた。イメージ・バッチリ、である。

これを基本に、移動スーパーで使用するトラックのデザイン、名刺、封筒、チラシのデザイン等を、次々こなしていただかないといけない。苦労をかけるけど、創業の時は、この「熱に浮かれた感」で突き進んでいくしかないのだ。協力者、関係者の皆様、どーか見捨てることなく、お付き合い下さい。

明日、いよいよ会社設立日となる。

## 1月11日

プレスリリース用の原稿を書く。どこまで詳しく書けばよいのか、書くことがいろいろあり過ぎて、コンパクトにまとめるのが意外と大変。来週には、各マスコミ回りをすることにしよう。

夕方から、最初の提携先スーパーになる「ファミリー両国」へ。太田社長にロゴデザインを見てもらった後、専務を中心に、レジ機の選定作業にかかる。メーカーさんにも来ていただいて、機種説明と値段交渉。商品を確定し、その場で移動販売車の制作会社にレジサイズを速攻ファックスで送る。実作業がどんどん増えてくる。

## 1月12日

今日は、新年初の「徳島農業大学校」授業の日。昨年9月から今年の3月まで、僕は「徳農」の生徒さんなのである。とはいっても、1週間に1回程度の授業だから、年末年始の休みとかを計算すると、授業回数は15回程度。午前中、座学をやって、午後から実習。今日は果樹の剪定方法とロープの結び方、なんてのを習った。日本の伝統的な結び方はたくさんあって、簡単そうで、これがやたらと難しい。一発で習得するのは、とても無理。午後はほとんど収穫作業。以前に僕たちが植えた、チンゲンサイ、大根、菜の花等を収穫し、それぞれお持ち帰りさせてもらった。

「これからは必ず、農業が大切になる時代が来る！」と思って、去年の初め頃に申し込みをしてあったのだけれど、1年後の今日、創業2日目に、さっそく授業に出かけることになるなんて。ま、しかし。決して無駄にはならないだろうし、何事も勉強だ。農業の現場を経験することも、きっと「とくし丸」に役立つことになるだろう。と、何事もいい方に考えるこの性格。

夜は、某市の市長宅に伺って、面談。どこの市町村も、「買い物難民対策は必要だ」という認識のよう。やはり、「時代」である。ビジネスは「早過ぎても、遅過ぎても失敗する」。さて、このタイミングはどんなものだろう。それも、「やってみないと分からない」。

確か、松下幸之助さんが言ってたよな。「とにかく、やってみなはれ！」なのである。

## 1月14日

プレスリリース原稿の最終仕上げ。自分で言うのもなんだが、なかなかよくできている。チラシの印刷仕上がりが来週末くらいだろうから、再来週からメディア回りになるだろう。

ココ最近、協力スタッフの村上稔君は、加茂地区を1軒ずつ訪問して、移動スーパーの需要調査に入ってくれている。とても好感触を得ているらしい。地道な活動だけれど、これからの事業には絶対に欠かせない作業である。

彼にも苦労をかけるが、夢を実現するには「苦労」と感じていない、と信じている。

「思考は現実化する」

もう20年以上前、収入もまともになかった頃、ナポレオン・ヒルの「成功の秘訣」というカセットテープを、150万円もかけてローンで購入したことがある。その中で常に出てきた言葉である。「まず、こうなりたい、こうありたいと思うことからしか、夢は実現しない」ということだけ学んだ。そういえば、京セラ創業者の稲盛和夫さんも同じことを言っている。「無意識の中に刷り込まれるほど、強く思え」と。

この半年以上、「寝ても覚めても」考え続けている。この事業をどうやって成立させるか、ということを。まさに無意識の中に刷り込まれるほど考え続けている。

「あわわ」を辞めて9年間近く、フラフラと生きていた時は、生ぬるい環境でユルユル暮らしていたが、最近、カラダの細胞が覚醒してきているのが自分でも分かる。脳の処理能力が格段に上がってきている。もう少しで現役時代の感覚が取り戻せそうだ。

## 1月15日

「プロダクト・ライフ・サイクル」、というのがある。商品寿命を表したものだ。

①R&D（リサーチ&デベロップメント）期、②導入期、③成長期、④成熟期、⑤衰退期。

①のR&D期（研究開発期）は、製品が市場に導入されるまでに費用だけが発生し、売上がマイナスになる期間のことである。

今、まさにこのR&D期なのだ。売上はゼロなのに、なんだかんだで費用ばかりがかさんでいく。そして、商品が市場に投入されてすぐには売上が上がらず、しばらく低空飛行を続ける時期が導入期。「あわわ」を創業した頃、まさに教科書どおりの、この曲線を辿った。

ブレイクスルーする成長期に辿り着けるまで、創業時の苦しさは続くのである。が、そこまで耐え忍び成長の波に乗ることができれば、一気に売上が上昇気流に乗っかる。

そう考えると、1、2年は苦労の連続だろう。目の前には課題が山積みで、それをどう乗り越えていくか、知恵と工夫が求め続けられる。

ま、だからこそ「面白い」。

## 高齢者に生鮮食品を届ける

**1月16日**

なぜ「移動スーパー」に至ったのか？　それには、こんな理由がある。

今、スーパーの超大型化&郊外化で、近所のスーパーが撤退し、日常の買い物に不自由している人たちが増えている。いわゆる「買い物難民」と呼ばれる人たちだ。経産省の統計では、その数、全国に約600万人。もちろん高齢者比率の高い徳島でも6万人以上と言われている。

では、その方たちは日々どうやって暮らしているか？

「食べるものを買うのは、いつもコンビニ。だから生鮮食品はあまり口にしない」

「たまに近所に住む娘に頼んで、車に乗せてもらいスーパーに連れて行ってもらう」

「この秋は、まだサンマを食べてない」

「宅配を利用する時もあるけど、やっぱり見て買いたい」

「80歳を過ぎているけど、買い物のためにまだ車の運転を続けている。でもシンドイ」

市場ヒアリング調査を行う中で、このような声をたくさん聞かせてもらった。なかには、5000円ものタクシー代を払って、スーパーまで買い物に行くというお婆さんもいたほどだ。

◎ネットスーパー　　年齢的にとてもついていけない。

◎お弁当の宅配
　1ヵ月もすると飽きてしまう。
◎宅配
　注文してから届くまでのタイムラグが不満。
◎スーパーまでの送迎サービス　気を遣うし、時間を合わせるのが不便。

ここ最近、買い物難民対策が連日のようにニュースになっているが、それぞれに弱点を抱えているようだ。そもそも「買い物」という行為は、生活の中の「お楽しみ」でもある。現物を「見て・触って・感じて・選んで」初めて本来の「買い物」と言えるのではないか。

そこで、これらの様々な問題を何とか解決できないか？と考えた結論が「移動スーパー・とくし丸」だったのだ。

玄関先まで軽トラックで出向き、会話し、買い物をしていただく。買い物の楽しさを残しつつ、「買い物難民」と言われる方々を支援できればと考えている。軽トラックといえども、冷蔵庫付きの専用車なので、生鮮食品も積み込んだそのアイテム数は、なんと300品目以上。また、買い物だけに止まらず、我々「とくし丸」のスタッフが、「見守り隊」としての役目を果たすことも目指すのだ。

## 1月17日

安藤忠雄さん設計の、徳島唯一の建築物であるWITHビルに入居して、いつの間にか5年が過ぎた。こんなに長居するとは思ってもなかったけど、やっぱりココのビルは本当に素敵だ。安藤さんがいちばんノッてた時の作品ではないだろうか。最近の、やたら大きな建築物はあまり好きになれないが、ここＷＩＴＨビルはとても魅力的だ。

来週月曜日、１月23日に事務所を引っ越す。残念ながら「株式会社とくし丸」には、今の事務所はちょっと狭過ぎだ。もったいないけど、移転するしかないのである。

奇しくも事務所の引っ越し日、１月23日は、徳島市で吉野川第十堰住民投票が行われた日でもある。とくし丸の門出に、これほど相応しい日はない。

## １月19日

ふー、酔っぱらった。中村敦夫さんと、ずーっと飲んでいたのだ。日本ペンクラブの環境委員会。隣には、尊敬する「ＤＡＹＳ ＪＡＰＡＮ」の編集長・広河隆一さんがいるし、会長の浅田次郎さんがいるし。でも、しっかり浅田さんに、原発国民投票の賛同人になってもらった。

日本ペンクラブでは、「環境委員会」「平和委員会」の委員の方々の前で、しっかり「原発国民投票」の説明をしてきた。反応は、思った以上によく、浅田次郎さんの他にも数名の方々が賛同人の意思表示をしてくれた。暫定とはいえ、代表をやっている僕の役目を少しでも果たせたのではないかと、ホッとする。

明日は、カタログハウス創業者の斎藤駿さんに面会。斎藤さんは、とても魅力的だ。そのうちきっと、とくし丸を『通販生活』で記事にしていただけるはずだ。

## ベタ歩きの需要調査開始

**1月24日**

今日は「とくし丸」協力者6名で、最初の販売エリア予定地区の、ベタ歩きを敢行した。寒気の中、とにかく全員が一生懸命回った。とても心強いメンバーばかりだ。この気持ちと勢いがあれば、絶対に壁は乗り越えられる。

仕事って、やっぱり現場だよな。理屈をこねてるヒマがあったら、とにかく動け！ということだ。動いて初めて分かること、気づくことがたくさんある。その積み重ねが実績に繋がっていくのだ。汗をかいて、身体を動かして、頭をフル回転させて、悩んで、苦しんで、工夫して、知恵を絞って、そしてどーにか目標に辿り着くのだ。

楽して稼ごう、なんてとんでもない。やった分だけ報酬が返ってくればいいのだ。

## 1月25日

新事務所に、やっと帰ってきた。朝から、ずーーっと、販売エリアを歩いて、1軒ずつお宅訪問してたのだ。まるで、選挙活動のようである。自分でも「よくやるよ」と思う。が、稲盛和夫さんも言っていた。「人のやらない努力をせよ」と。「落ち穂拾い」のような作業だけれど、必ずやこれが力になるはずだ。

1軒ずつあいさつ回り。「まさかね、そこまでやるかね」というような、地道な作業が連日続く。確実に、数十軒に一軒、「移動スーパーが来てくれたら、ほんまありがたいわ〜」という方々が、いる。その方々にアクセスするには、マス広告ではない。超アナログのアクセス方法しかないのだ。

もちろん新聞折込広告は入れた。が、お客さんから連絡をいただけると考えたらお〜間違いなのである。人と人が直接顔を合わせ、会話をして、初めてちゃんとした情報が伝わるのだ。よくぞスタッフの皆さんが、この、まさに「地を這うような」作業をこなしてくれるものだと、心から感謝している。しかも、みんなどこかでソレを楽しんですらいてくれる。ありがたい。何が何でも報いねばならぬ、と強く思う。いや、思うだけではない、そーするのだ。

「あわわ」創刊の時も、書店さんから販売拒否されたり、お店から取材拒否されたりは当たり前のことだった。世間は「実績」を上げない限り認めてくれないのだ。受け入れてくれない世間を恨む前に、受け入れてもらえない自分の力を恨むしかない。絶対に、認めてもらえる「とくし丸」に仕上げてみせる。

で、今、新事務所。なんと、その場所は、元々僕が創業した会社「あわわ」の4階なのであった。もちろん、とくし丸が、ちゃんとお家賃をお支払いしての入居である。まさか8年以上も経って、この場所にもう一度座ることになるなんて。筋書きが読めないから「面白い」のだなぁと、つくづく感じる。

## 1月28日

スタッフのひとりが、さっそくホームページを作ってくれた。

「資金が少ないんですから、お金をかけずに作りましょう」と、素人なのに、無料でサイトを早々と作り上げてくれた。

この経営者感覚、素晴らしい！「経費は最小に、売上は最大に」と教えてくれたのは、稲盛和夫さんである。まさに、その言葉をそのままに実行してくれた。

「もちろん、利益が出たら、ちゃんとプロに作り直してもらいましょうね」という、これまたしっかり見識のあるお言葉付きだったので、僕も納得。ほんと、いつもながら僕は人に恵まれているなと、つくづく感じる。

今ある、人材、資金、ノウハウで、最大限のことをやっていけば、必ず先が見えてくるはずだ。現時点では、このホームページがベストなのである。いろいろ不備はあったとしても、僕にとっては自慢のサイトなのだ。

## 1月30日

今日の成果、91軒。昨日まで4日間で200軒少々の成果だったから、1日平均50軒ほどの計算になる。が、今日はとても好成績だった。

「助かるわ〜。ぜひ来てね」が、◎。
「来てくれたら覗いてみるわ」が、◯。
「うちには用ないわ」が、×。

成果数は、この◎と◯の数である。今日で、約300軒のお宅が「来てくれて、いいよ〜」と言ってくれたわけだ。回れば回るだけ、潜在需要が明らかになってくる。しかも、本当に待っててくれる人たちがいることに気づく。

やっぱり「とくし丸」は間違いではなかったと思う。対象地区、約7500世帯で、400軒は間違いないだろう。ほぼ5%の方々が、とくし丸の対象者だ。

とても乱暴な計算をしてしまうと、徳島県下25万世帯×0・05=1万2500世帯に需要があるわけだ。

もちろんコレは机上論であり、実際の収支が合うのかどーかは、やってみないと分からない。が、少なくとも「求めてる人はいる」ということだけは確かだ。とくし丸が事業として成立するかどーかというより、求められているところに飛び込んでいくことが重要なのだ。

世間は冷たい。世の中は厳しい。でも、求められているなら、必ず事業は成立するはずだ。大儲けできなくても、人に喜ばれて仕事が成立するなら、それだけで事業を立ち上げた意義はある。

明日も歩こう。求めてくれる人を探して、とにかく、歩こう。

## 1000万円を借り入れ

**【2月3日】**

さっそく、借り入れ。ちなみに、1000万円。5年返済。金利は1%の前の方。無担保。ま、いっか。

今年1年間、僕は無給である。シミュレーションしてみると、それでも初年度1000万円ほどの赤字になるっていうんだから、ほんと、大変。

で、少しでもロケット・スタートを切るために、先週・先々週と事前調査に入ったのだ。果たしてその効果、いかに？

「車に乗れなくなったら」という場面をイメージしてほしい。車に乗れない、足腰も弱くなって、歩くのもシンドイ。「もしそーだったとしたら」、を想像してほしい。

ほら、突然「買い物難民」になるのである。「近くにコンビニがあるし」ってのも、違う。残念ながらコンビニには生鮮食品は置いていない（置いていたとしても僅かだ）。

7日間、歩いたことによって、とてもリアルに「困った」にたくさん出合った。本当にセツジツな状況なのである。店舗の大型化、郊外型化によって、都市部でもエアポケットのように、買い物に困る人たちがたくさん出現しているのだ。

午後は、某弁護士さんのところに伺って、契約書作成のための相談。スーパー、販売してくれる人、そして僕たち「とくし丸」。この三者の立ち位置をどのようにするのか？　なかなか難易度の高い契約書になりそうである。

書類作成料は、予定していた3倍の費用を提示されたが、そこを何とかご協力願い、予定額の2倍で折り合いをつけた。ま、それでも予算の倍額だから、こりゃ益々頑張らないと。

夕方から、ビジネス・モデル自体の見直しを行う。さっそく「見直し」かっ！と思うことなかれ。「朝令暮改、ヨシとする」なのである。状況により、環境により、新情報により、プランはその都度微調整が必要になってくるのだ。

何か、おかげで、成功確率が高まってきたような気がする。「気がする」だけでなく、この1ヵ月のうちに、必ずや実証したいと思うのである。

## 2月4日

木枯し紋次郎こと、中村敦夫さんから電話が入った。「木枯し紋次郎」っていっても、今の若い人は知らないか？　でも、僕が中学生だった頃の憧れは、まさに木枯し紋次郎だったのだ。とにかくカッコよかった。いや、今の敦夫さんもメチャクチャかっこいい。

4月にチェルノブイリに行くことが決定。そのためビザの申請をしないといけないらしい。「パスポートを送ってこい」という電話だった。「25年後の日本を見ておきたい」という敦夫さんの提案で、日本ペンクラブのメンバーを中心に、チェルノブイリに行くことになったのだ。コーディネイトは、「DAYS JAPAN」の編集長・広河隆一さんである。広河さん自身が同行するわけではないが、日本で誰よりもよくチェルノブイリを知る広河さんがプランを立ててくれるのだから、普通では見えない現場が見えるはずだ。

「とくし丸」ももちろん大事だが、この視察だけは、どーしても外したくなかった。

日本のメディアは、特に「マスコミ」と呼ばれている企業は、もはやほとんど信頼できない。

ジャーナリズムではなく、単に企業のひとつなのだ。記者個人で信頼できる人、友人は何人もいるが、組織としてのマスコミは、疑ってかかることにしている。

何を信じ、何を頼りにしていいのか？　メディア・リテラシーが、今こそ求められるのだ。自分の眼で、耳で、肌で、原発の事故現場・チェルノブイリを確認してこようと思う。

## 2月5日

「企業活動の目的は顧客の創造である」。ピーター・ドラッカーの有名な言葉だ。

確かまだ30代だった頃、毎月、日本ＬＣＡの「経営コンサルタント養成講座」というのに京都まで通った時期があった。２泊３日で１年間だから、延べ日数36日間の講義を受けたことになる。受講料も１５０万円ほどで、交通費・宿泊費を考えると、そーとーな投資をしたわけだ。その講義で教わった中の、印象的な言葉が、この「顧客の創造」だった。

その当時、「企業活動の目的は？」と聞かれ、すぐに「利益の追求」というのが頭に浮かんだ。が、ドラッカーは「違う」と言ったのだ。目的は「顧客を作る」こと。その結果として「利益」が生まれるのであって、「利益」は本質的な「目的」ではないというのだ。

「なるほど！」と、感心したのを今でも覚えている。確かにそーなのだ。目的、手段、結果を取り違えてはいけない。

「あわわ」を創刊した時、雑誌を出すことが目的でなく、その中身を読んでもらいたかったから始めたのだ。まして「儲ける」なんて、考えてもいなかったし、「儲かる」とも思ってなかった。創刊号は、たったの600部しか売れなかったし。

でも、確かに「伝えたいコト」があったのだ。「徳島を面白くしたい」と大真面目に考えていたのだ。

結果として「利益」は後追いしてきた。「儲けたい」ではなく、いつの間にか「儲かる」状態になっていった。

とくし丸は、今のところ「儲からない」。いや、数年は無理だろう。が、「儲けたい」ではなく、「喜ばれたい」のである。そこを目的とすれば、利益は、ま、どーにかなるだろう。

## 2月7日

今日は、朝日新聞、読売新聞、産経新聞、NHK、FM徳島の各社を回った。面白い。実に面白い。同じネタにもかかわらず、その反応が記者によってまったく違うのだ。初っぱなから食いついてくる人。面倒くさそうに「聞いといてやるよ」という感じの人。熱心に詳細を知ろうと質問を浴びせかける人。何のことやら、ネタの本質を掴みかねてる人。いや〜、本当にその反応は様々だ。

とても「喋り疲れ」気味である。

効率を考えるなら、県庁記者クラブで記者会見を開けば、一発でリリースは済んだのだ。が、各社を回ると、その温度差が感じられて、それぞれの組織のレベル、記者のレベルが分かる。

僕自身も、記者の反応によって、提供する情報量が明らかに変わってくるのだ。同じネタなのに、相手に伝わる情報が変わる。情報は一定ではなく、現場にいる人間の能力によって、その中身が変化するのである。

どんなに巨大な「マスコミ」と言えども、その第一線にいるのは「人」なのだ。「マスコミ」という名の「人」がいるわけではない。人が集まって、マスコミを作っているのだ。

誰を信頼し、信用し、誰を疑わなければならないか？　こういうふうに各社を回ってみると、改めて考えさせられる。

さて、出発式を行う予定の2月20日、果たして何社のメディアが現場に足を運んでくれるか？　そして、どんな記事に仕上げてくれるか？　楽しみだ。

## 2月10日

昨日、朝日新聞徳島版に大きく「とくし丸」の記事が掲載された。しかも、カラーで。徳島のメディアをほぼ回って、いちばん反応の良かったのが、実は、朝日新聞だったのだ。記事にしてくれたから言うわけではないが、さすが、こういった形で記者の反応が現れる。

担当記者は、さっそく提携スーパー「ファミリー両国」にも取材をかけており、ネタの本質をしっかりと捉えた記事に仕上げてくれていた。最近珍しい、記者らしい記者だ。一見ボーっとしてそうなのだが（失礼）、なかなか頼りになるのである。

そして、今日。その記事を「読んだ」という人から数本の電話が入った。「うちにも回って来てほしい」、「販売パートナーとしてやってみたい」という人たちである。予想以上の手応えを感じる。

気を良くして、テレビ東京の「ガイアの夜明け」に電話し、プレス・リリースを送らせてもらうことに。せっかくだから、朝日新聞の記事もしっかり添付させていただいた。さて、その反応や、いかに？

ところで今夜は、徳島が生んだ超絶ギターリスト・堀尾和孝さんのライブである。場所は、「寅家」。つい最近、徳島出身の役者・大杉漣さんとライブをやったばかりの堀尾さん。今日は単独ライブだ。

# 販売パートナー募集

【2月11日】

とくし丸のチラシの裏面には、「販売パートナー募集」についての説明が書かれている。表面の賑やかなデザインとは対照的に、意識してオトナし目のモノクロ仕様にしてもらった。

●あなたも始めませんか？「ありがとう」と言われる仕事です。

なかなか良いコピーである。販売パートナーさんの仕事を象徴する表現になっている。そして、その仕事内容をこんな文章で紹介している。

◎移動スーパーを運転して、食料品や生活用品を販売します。

◎住宅地やマンションへ出向き、買い物したい人のお役に立ちます。

◎高齢者社会にますます必要とされる仕事です。

◎「無縁社会」から「絆社会」へ。人と人をつなぎ、新しいコミュニケーションを育てます。

◎「あのおばあちゃん、今日は出てこんなぁ」独り暮らしの高齢者の見守りもしたいですね。

◎最近テレビ等で注目されていて、これからの社会にますます重要となる仕事です。

その対象者は、こんな人たちを考えている。

◎定年退職したけど、社会に役立つ仕事がしたい。

◎主婦だけど子供の手が離れたので仕事を始めたい。
◎サラリーマンからの転職。独立して事業がしたい。
◎自分で時間をコントロールできる仕事がしたい。
◎「ありがとう」と言われる仕事がしたい。

これが、とくし丸のイメージする販売パートナーさんである。

3・11以降、「絆が重要だ」「人のつながりが大切だ」と、いろんな人たちが簡単に口にするが、では「絆」とか「つながり」とは何なのか?と、ずっと考えていた。そのひとつの答えがとくし丸なのであった。

結局、人と人が顔を合わせ、会話をし、人的ネットワークが作られることが最も大切なのだ。それはグローバルでもデジタルでもなく、超ローカルで超アナログな現実なのだ。

その仕組みの構築に、とくし丸が挑戦するのである。

## 2月14日

今までいったい何度とくし丸の事業説明をしてきただろう。去年の夏から、ズーーっと語り続けてきた。

で、今日も、ほとんど喋り続けた。「喋る」という行為は、とても体力を使う。脳も疲れる。

バレンタインにもらったチョコが、頭に染みこんでいくようだ。

某銀行のマッチング担当の方に、事務所で説明。提携できそうなスーパーを紹介していただくためである。電話帳で調べたら、スーパーと名の付く店舗は徳島県だけでも約２００軒。チェーン店も多いから、たぶんその経営者は百数十社の方々になるはずだ。その中の、どのスーパーと組むのか？

スーパー経営者向けのプレゼン資料を、とりあえず10セット作った。まずどこから攻めようか、リストを睨みながらしばし熟考。

その後、販売パートナー希望の方に、これまた事業説明。いろんな方がいろんな背景を持って、事務所を訪れる。話をするのは、とても楽しい。こちらに興味を持ってくれているからこそ、わざわざ来社してくれるのだから。でもやっぱり、帰られた後にはドッと疲れが押し寄せる。

朝日新聞の記事と、数千部のチラシ配布で、この反響である。予測以上だ。今月20日に予定している出発式には、たくさんのメディアが来てくれるはずだ。その後の対応を考えておかないと、とんでもないことになるかも知れない。

これからはしばらく、「喋り続ける」ことになるだろう。ありがたいことである。フラフラになるまで、皆さんに説明し続けよう。とくし丸を世の中に広めるために。

## 2月15日

徳島保健所にて、朝から夕方まで「食品衛生責任者養成講習会」の講義を受ける。食品を取り扱うとは、こーゆーことだったのか。とても新鮮な体験であった。受講料は、4000円。受講者は100人以上。飲食店を始めたり、調理をしたりする人たちが来ているのだろうけど、こんなにたくさん受講者がいるとは思ってもなかった。

受講後、「修了証明書」と「食品衛生責任者手帳」をいただく。考えてみるに、オフィシャルな資格としては「運転免許証」以来ではないか。受講すれば誰でももらえるらしいけど、何か、ちょっと、嬉しい。

## 2月16日

ついにやって来た。とくし丸の第1号車・2号車である。実物は、やはり写真よりもずっと魅力的だ。陸運事務所で登録手続きを行った後、徳島保健所で設備のチェックを受ける。何やら、いろいろ面倒な手続きがあるのだ。

そうそう、午前中にはユニフォームも仕上がってきた。ブルゾンとエプロン。どちらもビタミンカラーのオレンジ色に、白地のロゴがプリントされている。ちょっと恥ずかしかったけど、今日1日ずっと着ていた。みんなにも大好評だった。

そして各メディアにも、再度、念押し連絡。おかげで今日、さっそく四国放送が撮影に来てくれてた。どうやら朝日放送も取材に来てくれるらしい。ラッキーだ。数年前、宮崎哲弥さん、勝谷誠彦さんらと一緒にコメンテーターとして出演していた2時間生番組「ムーブ！」の担当ディレクターに連絡しておいたのが功を奏したようだ。やはり、人との繋がりはとても大切だ。たくさんの人たちの協力で、いよいよ「とくし丸」がスタートを切ろうとしている。

## 2月18日

20日のスタートを前に、商品の積み込みテストを行う。荷台いっぱいに品物が並ぶと、まさに「移動スーパー」である。

必ずや皆さん、喜んでくれるはずだ。で、その状況を、朝日放送のカメラがずっと撮影してくれる。

その後、事務所に帰ってインタビューを受ける。聞けば、20日夕方の番組で約5分間も放送してくれるらしい。

「単なる移動スーパーの紹介って訳ではないので、内容をちゃんと伝えるためには、それくらい時間が必要ですからね」という、何とも嬉しいお話である。しっかり「とくし丸」の本質を理解していただいているのがありがたい。

明日も明後日も、取材を続けてくれるという。本当に感謝である。

## 2月19日

まったくもって、素人だった。軽トラックのような営業車は、基本的にミッションなのだそー
である。頭っから、疑うことなく、オートマだと思っていた。届いたとくし丸1号車・2号車
は、そう、ミッションだったのである。

明日から乗車予定だったスタッフが「ミッションは無理ですぅ〜」ってことになって、急遽、
明日の2号車に僕が乗車することになったのだ。で、本日、明日回る予定のコースを走行テス
ト。久々のミッション。しかも荷台のためにバックは見えず。多少の心配もあったが、いざ走
り出すと、とても楽しい。普段デカ目の車に乗っているせいか、メチャメチャ小回りが利くし
車幅感覚もすぐにつかめた。

レジ台の固定作業や、電卓、ハサミ等々、細々した備品を100均に買いに行ったりしてる
うちに日が暮れる。

さて、いよいよ明日は出発式である。

## いざ、出発！

**2月20日**

今まで、ずっと準備してきて、今日やっと「とくし丸」の出航である。たくさんのメディアと関係者の方々に集まっていただき、無事に出発式を終えることができた。

そして、そのまま販売開始。予定コースを順調に回り、「待ってくれている人たち」が確実にいることを再確認した。この事業は、間違いなく必要とされている。売上こそ、2台合計で5万円だったけど、初日にしてはまずまずの結果だろう。

1週間すれば、2週間過ぎれば、1ヵ月後には、確実に数字は上がっていくはずだ。でも、本当に「テマヒマ」かかる仕事である。よくぞまぁ、こんな地道な事業を始めたものだと、自分でも思う。でも、だからこそ価値があるのだ。誰もやりたがらないことを、歯を食いしばってでもやっていけば、必ずその先には「ご褒美」が用意されているはずだ。それは「喜んでもらえる、喜び」だ。

今日1日で、改善点や課題がたくさん見えてきた。やるべきことは山ほどある。その1つずつを根気良く、諦めずにこなしていくことが重要だ。よし。明日も、頑張ろう。

## 2月21日

面白い。実に、面白い。日々、ドトーのような状況判断を求められる。もだえ苦しみ、のたうち回り、「どーしよう」と思った時に、必ず救世主が現れる。一生懸命やっていれば、誰かが救いの手を差し伸べてくれるのだ。本当に「運のいいヤツ」である。

まだまだ2日目。今日も昨日とほぼ同額の売上だった。3コース設定しているので、今日も初めてのコースである。同じように売り上げられたことに、ホッとする。

1000万円の資本金のうち、約700万円をすでにつぎ込み、新規に1000万円の借り入れを起こした。残りの1300万円で、1年間は売上「ゼロ」でも耐えられる用意をしている。が、手伝ってくれているスタッフには、申し訳ないような報酬しか支払えない（ゴメン）。もちろん、僕は1年間無報酬だ。

これで軌道に乗らないようなら、そもそものビジネスプランに大きな欠陥があったということだ。

が、決してそうはならない。そう確信しているから挑戦するのだ。その手応えは確実にある。ただし、乗り越えるべき壁はたくさん目の前に立ちふさがっている。その分厚い壁を、ことごとくぶち破ってやる。あー、何か、テンション上がるわ。

# 焦らず、急がず、諦めず

**2月22日**

毎日、繰り返し聞いていると、もうすっかり覚えてしまった。というか、頭にこびり付いてしまい、眠ろうとしても頭の中を駆け巡る。音楽のチカラは、すごい。

今日で3日目。3コース目の今日も、2台で5万円オーバーの売上。上出来である。が、訪問先リストが足りなくなって、急遽明日は、各戸訪問することに。70％小雨の予報だけど、決行する。雨が降ろうと風が吹こうと、1日も無駄にするわけにはいかないのだ。

「とくし丸のうた」を口ずさみながら歩けば、何とか乗り切れるだろう。さぁ、みんなで歌おう。

1．とく　とく　とーく　とくし丸♪
　野菜に　お肉　お味噌に　雑貨　笑顔もいかが〜？
　移動スーパー　とくし丸

2．とく　とく　とーく　とくし丸♪
　かあさん　おばあちゃん　こどもに　わんわん　みんな集まる
　仲間が寄ってくる　とくし丸

3．とく　とく　とーく　とくし丸♪

できたて　おいしい　お得な　スーパー　今日もあなたと
とくしまエライヤッチャ　とくし丸

## 2月23日

朝日・産経・毎日各紙、朝日放送、B－FM、明日は四国放送の「フォーカス徳島」。いろんなメディアが「とくし丸」を取り上げてくれる。ありがたいことである。これだけ露出すると、さすがにオジイチャン、オバアチャンも、「どっかで見たなぁ」という話になるのである。

今日も、明日のコースで不足する訪問先の開拓に歩いた。合羽を着て、1軒1軒を回って行くのだから、正直ちょっとキツイ。でも、大丈夫。歩いていると、本当に出会うのだ。「まぁ、助かるわぁ。明日来てくれるん？　ほな、玉子とレタス持ってきてくれるで」

こんなおばあちゃんに遭遇すると、誇張でなく、一気に元気になってしまうのだ。人間って、本当に不思議だ。気持ち次第で、その状況の捉え方がまったく違ってしまうのだから。

デザイナーの藤本さんには、またまた無理を言って、急遽、不在者カードの制作をお願いしてしまった。「何でも言ってください」というので、本当に甘えてしまった。でも、甘えても許される人だと思うから、つい甘えてしまうのだ。

さて、明日は、販売担当として「とくし丸」に、乗る。パートナーは、鈴江琢也君。今日も一緒に各戸訪問をしてくれた、心強いメンバーである。

いろんな人に甘えながら、それを受け入れてくれる人たちと一緒に「とくし丸」は進んでいくのであった。

## 2月24日

「ありがとう、と言われる仕事です」。これはチラシのヘッド・コピーだけど、まさにそのとおりなのだ。今日も何人のおばあちゃんにそう言われたか。

この世知辛い世の中、そんな仕事って、そーそーあるものじゃない（いや、沢山あると思うけど。ま、ここはそーゆーことにしておこう）。

あるお宅では、玄関先のすぐ近くまでトラックを着けたのだが、それでも出て来れないというので、大き目のパレットに商品を移し変え、玄関の中まで運び込んでお買い物をしていただいた。

「ありがとう」の言葉に、本当に気持ちがこもっているのが伝わってくる。いえいえ、こちらこそ「ありがとう」である。

今日の売上は、前日の50％アップ。2クール目に入ったばかりだけど、早くも数字に現れ出した。「これは、いける」という思いを、日々強くする。

それでも毎夜、ウナサレル。やろうとしていることは正しいのか？　どこかに見落としはないのか？　冷静さを失っていないか？　驕りはないか？　思い上がりはないか？　勘違いしてないか？

夜中に目覚め、枕元に置いてあるメモ用紙に何度も思いついたことを記入している。中身は、どーでもいいことが多いのだけれど、たまに大切な気づきや発見が書かれていたりする。さて、この状況はいつまで続くのやら。

## 2月25日

いくら頭の中で考えたところで、実際にやってみないと分からないことはたくさんある。やってみて、初めて気づいたり感じたり驚いたりすることばかり。それが、「現実」の世界なのだ。今日で1週間。初めての土曜日営業。在宅率は、思った以上に悪かった。雨降りも影響したのかどーか、今日の売上はこの1週間で最低の、2台で合計4万円弱だった。

が、これも「やってみて」分かったことである。これから、こんなことの連続なのだろう。「予測と違う」ことに対して、どう対処するのか？　知恵を絞り、工夫し、あらゆる可能性を考える。そして、何とか突破口を見つけ出す。それが「ケイエイ」だ。

ドトーのような1週間が過ぎ、新たな課題がいくつも見えてきた。さて、これからこの壁をどーやって乗り越えていくか？　とにかく、何でも「やってみる」しかないのである。

そして、四国放送の「フォーカス徳島、見ました」という電話が入った。お年寄りが集まる某施設のスタッフの方からだ。お話を聞くと、「集まってくるお年寄りのために、とくし丸に来てもらえないか」ということだった。

そっか。こんなところにも需要があったのか！　今まで個人宅を回ることを中心に考えていたが、思いがけない場所に「要望」があるのだ。動いて、広報して、また動く。そうしていけば、情報はどんどん集まってくるはずだ。しかも、こちらが予測していなかったところからのアプローチがあったりする。

明日は、新コースを開拓するために、徳島市内の佐古周辺を各戸訪問する予定。またもひとり数百軒、歩いて回る。ピンポン押しながら「要望」がないかどうかの情報収集である。

先週1週間で、しっかり2キロの減量になった。普段以上に食べた上での体重減だから、歩いたおかげで健康的に痩せたということなのだろう。また今週も、歩いてやる。

## 2月28日

売上記録を、今日も更新した。日々、数字に表れるので、やっていて本当に楽しい。

明日は雪が降りそうだけど、とくし丸2号に乗りたくってしょーがない。だって、行くたびにおばあちゃんの数が増えてきて、売上まで増えるんだから、面白いことこの上ない。が、さて、どーしたものか……。売上数字を目指すのか？　丁寧な開拓を続けるのか？

エリアを拡大して、効率的なコースを組み立てることを優先すれば、日販《にっぱん》（1日の売上高）5〜6万円を間違いなく作れることは分かってきた。けど、それをやってしまうと、買い物に困っている人を取りこぼしてしまう恐れがある。

スタートして、まだ1週間少々。

「住友さん、焦ったらダメですよ。初日に3万円の売上なんて、上出来の数字なんですから」と、師匠でもある鳥取の安達社長には言われた。それはよく分かっているつもりなのだが、どうしても、「もっと」と思ってしまう。

今日、「焦らず、急がず、諦めず」と教えてくれた人がいたが、まさに、今がその時なのだろう。まだ10日にもならないのに「結果」を求めるのは、あまりにも性急過ぎる。よーく分かっている。

よーく分かっているのだが、やっぱり気になる。「何とかできないか？」と、寝ても覚めても考えてしまう。気がついたら、ここしばらく飲みにも行っていない。アルコールをまったく口にしていないではないか！

そもそも、「朝、寝過ごしたらどうしよう」という気持ちが先にたって、飲む気にもならない。

明日は、この前開拓した佐古地区での初の販売だ。どんな結果になるやら。ま、とにかく、しばらくは「焦らず、急がず、諦めず」を徹底してやっていこう。

## 雨の日もひたすら歩く

### 3月2日

雨の中、合羽を着て、市場調査。佐古地区の取りこぼしをなくすため、各戸訪問を行う。他のスタッフはとくし丸に乗っているので、仕方なく僕だけ。

ってのは、余りにも寂しいし、ひとりでやると、さすがに心が折れそーになる恐れがあるので、助っ人を頼んだ。しかも、そーとー強力な助っ人である。各戸訪問百戦錬磨の、元・那賀川町長の臣永正廣さんだ（その後彼は、公募で選ばれ大阪市の西成区長に転身することとなる）。

いや〜、ほんと、助かった。雨にも負けず、しっかり情報収集できた。これで、佐古コースは完成するのではないか、と思う（やってみないと分からんけど）。

疲れて事務所に帰ってみると、とくし丸1号車・2号車の売上合計が、ビミョーではあるが、記録更新していた。ま、ビミョーであろうが、ヒジョーであろうが、更新はコウシン、なのだ。それで一気に疲れは吹っ飛んだ。

本当に、人間ってゲンキンなものである。

あ〜、やっぱり「売上がすべてを癒す」のか……、とも思うが、癒してくれるのは、決して「売上」だけではない。今日も「喜んでくれるおばあちゃんの笑顔」にも、充分癒されたのである。

## 3月6日

壊れた腰を　騙しつつ　ばあちゃんの待つ　お家を回る

何か、ちょっと、山頭火《さんとうか》みたい。でもないか。ま、とにかく、この詩のとおりなのであった。さすがに昼過ぎて、痛みを騙しきれなくなって、1時間ほど戦線離脱。急遽、信頼している「名東療術院」へ向かう。もう何年も前から、腰を痛めた時にお世話になっている「活法《かっぽう》」という施術を行ってくれるところだ。

「くの字」に曲がったカラダを調整してもらい、その足でコルセットを買いに。午後の部を、何とか乗り切った。

僕の乗ったとくし丸2号車は、記録更新とはならなかったが、村上1号車は、なんと5万円突破の新記録樹立！　腰の痛みをしばし忘れる。

いや〜、毎日本当に刺激的だわ。腰が痛くなって、おばあちゃんたちの買い物の苦労がリアルに想像できたし、カラダのどこかが少し調子悪いだけで、人間、とてもナイーブになってしまうし。
日々、発見と気づきと、驚きの毎日である。さて、明日はどんな1日になるのでしょーか。

## 3月8日

「最後に残るのは、情報と流通だ」。これはスーパー「キョーエイ」の創業者・埴渕一さんの言葉だ。もう20年くらい前になるだろうか、埴渕さんのこの言葉を聞いて、「このお爺さん（失礼）スゴイ！」と思ったのをはっきりと覚えている。

そして今、とくし丸のやっている事業は、まさにこの「情報と流通」なのである。これは実際にやり始めて、「あっ、そーか」と気づいたことだ。「情報」とは、「どこに買い物困難者のお年寄りがいるか」という「情報」であり、「流通」とは、そこへ「どう品物を届けるか」という「流通」だ。

3・11の時、最も重要だったのは、この「情報と流通」なのであった。今困っている人がどこにいて、そこへどうやって物資を届けるか。人間が生存するために、最優先されるべき、この仕組み。

「マズローの欲求段階説」でも、第一段階は、まず「生理的欲求（physiological need）」なのである。その最低限の欲求すら脅かされている人たちが、今の現代社会にも存在するということに驚く。

ずっと便利になり続けていたはずなのに、いつの間にか「社会の歪み」が澱《おり》のように溜まってきている。

もうこれ以上、大資本やグローバリズムに好き放題させてはいけない。地元の人間が自分たちの力で、循環させていく仕組みを創らなければ。

とか何とか、一応、そーゆーことも考えつつ「とくし丸」のハンドルを握る日々なのであった。腰、イタ。

## 3月11日

アフガニスタン、イラク、ソマリア、チェルノブイリ、そして、日本。

世界には、とても大変な状況にある国がたくさんある。それぞれ、事情も原因も悲惨さも違うけれど、明らかに周辺の助けを必要としている。

大震災、津波、原発事故と、とんでもない事態に陥った日本も、今日で丸1年。メディアはいろんな特集を組むけれど、当事者にとっては3・11以降、ずっと継続されている日々の中の「今日」に過ぎない。

そして、世界のあちこちにも、同じように継続され続ける大変な日々に耐え忍んでいる人たちがいる。

東北の方々に何かできれば、と思う。そして同じように世界の大変な国々の人たちにも、同じように「何かできれば」と思う。

大したことはできないが、「思う」ことから「行動」が起こる。何でもいいから、とにかく行動に移そう。できる範囲で、できることを、できる限り。

## 3月12日

「そろそろ慣れてきた頃なので、皆さん、充分気を引き締めて事故など起こさないように、気をつけるように」と、今朝、僕は、確かに言った。なのに。

村上1号車が、しっかり事故って帰ってきたのである。だから、言ったでしょーに。と、言ったところでどーしよーもない。事後処理に、どう対処するかの方が先決なのだ。

ま、ケガもなく、しかもちょっとした接触事故程度だったので、大事に至ることはない。それどころか、この事故をキッカケに、問題点すら見えてきた。普通車と違う特殊車両ならではの、取り扱いの難しさ。そして車両自体の改善すべき点。そーか、そーゆーことか（ちなみに現在の車両は、バージョン10まで改良されている）。

「村上君、今日は本当に良くやった」

嫌味でも何でもなく、本当にそう思ったから、こう言ったのである。予測もしていなかった問題点が見えてきて、今後の計画に必ずやプラスになるはずだ。対処しなければならないコトもたくさん分かってきた。

いや〜、ホント、いろいろあるなぁ。とにかく毎日刺激的だわ。

## 3月14日

今日は、僕の乗ったとくし丸2号車だけで、軽く5万円突破！　スゴイ！のだけれど、今日は、実は、特別な日だったのだ。

とあるデイサービスの施設に声をかけてもらい、集まっているお年寄りに「お買い物」を楽しんでもらう日なのである。もちろん通常コースもこなしつつ、その合間をぬって1時間ほど施設の方に寄させていただいた。

皆さん、本当に喜んでいただけたようで、「自分の家にも来てほしい」という声を何人もの方々からいただいた。残念ながら、今のとくし丸は、徳島市内の田宮、春日、助任、佐古地区を回るだけでせー一杯。ほんと、早く台数を増やし、待っている方のいる地区にもとくし丸を走らせたいものである。

もう少しだ。もう少しすれば、実証できる。僕たちの描いたビジネスプランが、間違いでなかったことが。

今月末までには、何とか1台の日販7万円以上。いや、できることなら10万円を目指したい。もちろん金額だけの話をしているのではない。金額が、受け入れられたことの、ひとつの「証し」でもあるから言うのだ。

まだスタートしてから1ヶ月にも満たない。「焦らず、急がず、諦めず」やらねば、な。「イラチ」な自分が恨めしい。

## 3月15日

辛〜い時の、中村哲さん。いや、別に、今日が「辛〜い日」だったわけではないのだけれど。ノー天気そーに見えて、やはり僕だって落ち込む時もあるのである。で、そんな場合、ペシャワール会の中村哲さんの本を読む。

数少ない、尊敬する人である。常に現場に身を投じ、第一線で活躍し続ける人。お金や名声や周りの評価より、自分の前にある問題に正面から向き合う人。アフガニスタンの砲弾の飛び交う中で、住民のために医療と飲料水を提供する人。

そんな中村さんに比べたら、僕の苦労や悩みなんて「へ」みたいなものである。「何をジャラジャラ言うとんじゃい!」のレベルの話なのである。

決して、砲弾飛び交う環境で、とくし丸を走らせているわけではない。そんなふうに考えると、クヨクヨしてる自分が恥ずかしくなってしまう。人と「比較」することは好きではないけれど、この場合だけは許してもらおう。

中村哲さんの本は、いつも僕を、再び立ち上がらせてくれる。皆さんぜひ、中村哲さんの「ペシャワール会」へ入会を。

## 2台で売上10万円、初突破

**3月16日**

今日は、再編した新コースに挑む。3コースを2コースに集約し、無駄な時間を排除した。と、さすがに忙しさも倍増。朝からず――っと、レジ打ちが続き、昼ごはんもゆっくり摂れない状態に。

おかげで、とくし丸1号・2号の売上合計が、初めて10万円を突破した。目指すは倍の20万円だから、まだまだ道半ばではあるけれど、1ヶ月足らずで2倍以上になったのだから、まだまだ今後の伸びに期待が持てるのだ。

工夫すべき点はたくさんある。問題点も山積みだ。でも、だからこそ、やりがいがあるのだ。

明日は久しぶりに販売をお休みし、作戦会議を開く予定。今後の進め方をじっくり考えることにしよう。

構想から1年以上。動き出してから半年以上。実際に事業を始めてまだ1ヶ月足らず。メッタに味わえない「創業の熱」に、しばらくは心地よくうなされてみよう。

## 3月17日

コースの再編に伴って、土曜日はとくし丸を運休することになったので、朝から村上君と作戦会議。その後、県南のスーパー2軒を訪問し、とくし丸の事業プランについて説明させていただいた。アポなしの飛び込み訪問にもかかわらず、どちらも経営者に直接話ができたのである。

巨大ショッピングセンターができるたびに、地域単独店の売上は確実に影響を受けている。スーパー業界だけに限らず、どんな業種でも巨大資本の寡占化が進んでいる。これに対抗するには、とくし丸のような仕組みしか手はないのだ。

地域のスーパーを存続させるためには、どんなに手間隙かかったとしても、とくし丸を走らせることが最も現実的な方法だ。「大手にできないことをやる」、これこそが小資本の取るべき戦略である。

スーパー経営者の方々が、このことをどこまで理解してくれるのか。いや、どこまで僕たちが説得できるのか。

2000万円もの資金を投入し、1年以上無給でこの事業に取り組んで、それでも「実現させたい」と強く思う。失敗したら間違いなく「小金持ちの道楽」と世間から笑われることだろう。「笑い者」になるか、「喜んでもらえる事業」に育てられるか。何と言われようが、1年間はグッと我慢して突き進む「覚悟」は、ある。

## 3月19日

とくし丸のホームページが、結構なアクセス数になってきているらしい。最近、僕の書いているブログを見たという問い合わせも増えてきているようだ。

メディアは、明らかに変化してきているなぁ、とつくづく思う。情報のルートがどんどん移り変わっていく。そして、どのルートを選ぶかによって、接する人が違ってくる。また、その選んだルートによって、参加するコミュニティが決定づけられたりもする。

とくし丸は、新しい「メディア」だと思っている。食品の移動販売を通じて、直接顔を合わせる人たちのネットワークができる。その接着剤になるのがとくし丸の販売員だ。

早く台数を増やしたい。増えれば確実にメディアになる。メディアになれば、またいろいろな仕組みを創ることができる。人と人のネットワークは、間違いなくこれからの時代に必要とされるはずだ。

明日は、初の「ひとり乗車」である。ちょっと心配でもあり、楽しみでもある。

## 3月20日

とくし丸初の祝日営業。事業所関係もお休みだし、在宅率も悪いだろうから、あまり期待せずに出かけたのではあるが。

ところが、意外に好成績だった。村上1号車などは新記録達成で、僕の2号車と合わせて、10万円を突破。いやホント、やってみないと分からんもんだなぁ。

朝一番で、3日前に注文をいただいていた「マグロのトロ」をお届けしたら、「いや、コレ違うんよ。もっと赤いの」。って、おばあちゃん、ソレ「トロ」じゃなくて「赤身」でしょ。

結局、注文をくれたおばあちゃんには買ってもらえず、最終的にお店の方に叱られる始末。ヤレヤレ、だ。

しかし、これもまた、やってみないと分からない「経験」である。問題点も課題も、すべて「現場」に埋もれている。それを1つずつ見つけ出し、拾い上げ、対処方法を創り上げていかなければならない。それがとくし丸の「ノウハウ」になり、これからの武器になっていくのだ。

さて、明日は運行を休止し、佐古地区の開拓に入る。またもピンポンしながら、お客さんを探して歩くのだ。

## 3月22日

今日は、土成町に住む母親の検査日。朝のとくし丸積み込みを手伝ってから、土成へ向かう。徳大病院で定期検査を済ませ、帰りに某スーパーでお買い物。

とくし丸を思いついたキッカケは、この母親の話からだった。「ここら辺みんな、買い物行けんで困っとーわよ」。かく言う母も「買い物難民」ギリギリの人だった。最近では、さらにギリギリからズッポリに変化してきている。

スーパーへ連れて行くと、買うわ買うわ。あれもこれも買いまくるのだ。買い物難民の症状が、明らかに表れ始めている。

やっぱりとくし丸は、これからの時代、ますます必要とされるはずだ。早く台数を増やして、土成町にも走らせなければと思う。いや、マジで。

# 適正搭載アイテムを考える

## 3月24日

商品の豊富さは、果たしてどこまで必要か？　とくし丸は軽トラックである。当然、搭載される商品には、限界がある。それでも、だいたい300品種が乗っている。が、「アレないで？」と聞かれて、「ごめんなさい、今乗ってないです」と答えなければならない場合も結構ある。最近、「果たして商品ラインナップはどこまで必要なのだろうか」と考えるのだ。

この前、久しぶりに大型スーパーに行ってみて、逆に「多過ぎる」と感じた。この広いフロアを、端から端まで探して歩くのは、「めんどくさい」。ましてや、お年寄りにとっては「負担」になるのではないか。確かに「選択肢が多い」というのは結構なことだ。が、それにも「限度」というものがある。人間の能力にも「限度」がある。選択肢がいくらあっても、選択できるものは限られている。

例えばTVのチャンネル。最近、やたらとチャンネル数が増えているようだけど、最終的に選択肢の対象になるチャンネル数は「7つ」という説もある。たとえチャンネルが何十、何百あったところで、選ぶ対象はいつの間にか7つくらいの中から選ぶことになるというのだ。

スーパーの商品も、「多ければいい」という時代ではないのではないか。とくし丸の基準で商品を搭載し、お客さんに勧める。いわば「セレクトショップ」的機能を果たせばいいのではないか、と思う。

時代は間違いなく「数より質」に移りつつある。もはや、大型店が必ずしも強い時代ではない。とくし丸というコンパクト店で、大型店に勝てる商品とサービスを提供していけばいいのだ。乗せていなかった商品は、「3日後、次来る時に持ってきます」という「御用聞きサービス」が、僕たちの最大の武器になるのだ。

## 3月25日

音楽のチカラは、やはりスゴイ。徳島音楽業界のドン・柳町春雨師匠に作ってもらったとくし丸のテーマ曲は、1ヶ月で、もうすっかり定着してきたようだ。

♪とく、とく、と〜く、とくし丸♪

この音楽を流しながらお家に近づくと、おばあちゃんたちがワラワラと出てくるポイントが、最近ずいぶんと増えてきた。

この音に、確実に反応してくれるお年寄りがどんどんと増えている。以前は戸別に声をかけに行ってたのが、音楽だけで「お知らせ」できるようになってきたのだ。

目指すは「ロバのパン」以上の認知度だ。1ヶ月でコレだから、半年もすれば、ロバのパンも超えられるのではないか、とさえ思っている。

ただ、定着するのはとても嬉しいことなのだが、僕の耳にもしっかりこびり付いてしまっていて、毎夜毎夜、頭の中をこの曲がグルグル回るのである。

あ〜、ゆっくり静かに、眠りたい。

## 3月26日

車に乗れなくて、自転車にも乗れなくて、歩きで行こうにも、足も悪くて。そんなお年寄りにたくさん会ってきた。

宅配もあるけど、商品を注文してから届くまでに数日かかる。そもそも「食」は、「その瞬間」なのである。その時「食べたい」と思ったものが、数日後にも「食べたい」とは限らないのだ。それに「現物を見て選ぶ」という「楽しみ」が得られない。

娘や息子が「買って来てくれる」というおばあちゃんも結構いた。でも、ほとんどの人が「やっぱり自分で買いたい」と言う。そりゃそーだ。「買い物」は、やはり自ら選ぶからこそ「買い物」なのである。

「買い物の楽しさ」をお届けするために、とくし丸は今日も走る。ただ単に「商品を届ける」だけではないのだ。ついでに「世間話」もお届けしている。

なかには「いや〜、奥さん久しぶり。元気にしてた?」なんて会話が、とくし丸を囲んで始まったりする。途絶えていたコミュニティが、とくし丸を媒介として、少しずつ再生されていっている気さえする。

時間はたっぷりかかりそうだけど、やっぱりとくし丸の社会的存在意義は大きいと確信する。もっとスピードアップしたい。

## 3月27日

とくし丸を走らせ始めて、早や1ヶ月以上。風呂に入る前、何気なくフッと鏡を見ると、ミゴトに顔だけ真っ黒。いや別に、今さら日焼けぐらいどーってことないのだけれど、それにしてもそのコントラストは「スゴイ」の一言。手には手袋を付けているので、本当に「顔だけ」なのだ。

で、日焼け止めを購入。

日焼けといえば、「ゴルフ焼け」ってのがある。でも、それは「イヤ」だ。飛行機から見たゴルフ場は、まるで地球に巣食う害虫が山を食い荒らした跡のように見えてならない。しかも、いつだってグリーンは綺麗なまま。あの状態を常に維持するため、いったいどれだけの農薬が散布されていることか(農大で学んだ)。そんな場所で楽しむゴルフなんて、僕はやりたいとは思わない。

それに比べたら、「サーフィン焼け」はカッコイィ。サーファーの皆さんは、「地球に負荷をかけない」ことに誇りを持っている。やってくる「波のチカラ」を借りて楽しむだけなのだから。どーせなら、ゴルフ焼けより、サーフィン焼けなのである（どっちもしないけど）。

でも、もしかしたらいちばんカッコイィのは「仕事焼け」なのかも知れない。もちろん僕の場合は「とくし丸焼け」なのである。

## 3月29日

ビジネスプランの問題点が、ここのところ見えてきた。1台増やすのに、1台を軌道に乗せるのに、思った以上に手間隙時間がかかりそうなのだ。当初は、1年～2年で30台と考えていたが、それを達成するための人的余裕が追いつきそうにない。

「販売パートナー」には、早くも数名の方が手を上げてくれている。今も、2名の方が試験的に販売体験をしてくれている。

今後の行動計画を見直さなければならない。「移動スーパー」という業態自体は、間違いなく社会のお役に立てるし、単体でのビジネスとして成立することがほぼ立証できたのだ。後は、それを支援する僕たちの「株式会社とくし丸」が存続できるかどーか、というシビアな問題なのである。

いや〜、ビジネスは、とても厳しい現実だ。この状況をどうやって切り抜けるのか、この数ヶ月で答えを見出さなければならない。

とにかく、売上記録はドンドン更新してやる。

## 3月30日

午前中に伺って留守だったので、午後に再度訪問。またもお留守のようだったので、「○月○日、○時頃来ましたが、ご不在でしたので、次回○月○日に伺います」という不在カードを郵便受けに投入しようとしたら、数日分の新聞が溢れそうになっていることに気づく。

何やら「イヤな予感」がした。

即座に、その場から知り合いの民生委員の方に電話し、状況を報告。「息子さんに連絡をとって、確認してみます」という返事を聞いて、そのまま次のお家を目指した。

が、数十分後、民生委員の方から電話が入った。「おばあちゃんが亡くなられていました」という連絡だった。

「まさか」とは思ったが、「イヤな予感」は、残念ながら的中したのだ。

その後、すぐに現場に引き返すと、救急車、警察が次々と駆けつける事態に。もはや仕事のことは忘れ、現場に立ち会い。警察から事情聴取を受け、今日の出来事を説明。3日前の27日に訪問した時もお留守だった。その時も「不在カード」を郵便受けに投入してあった。

その時気づけば、とも思うが、それは無理な話である。とくし丸にできることは、最大限やらせていただいたと思う。

週に2度、直接顔を合わせ、会話を交わし、健康状態までも知り得るとくし丸にできることは、きっとたくさんあるのだろう。僕たちは、ただ単に「商品を売る」だけの仕事をしているわけではない。お年寄りの情報を、誰よりも知り得る立場にいるのだ。

今回は、とても残念な結果になってしまったけれど、「とくし丸にできること」を再確認し、その社会的役割の重要さに、改めて気づかされたのである。

やはり「この仕事」をちゃんと続けたい、と強く思う。合掌。

## 3月31日

とくし丸をスタートさせて、ちょうど40日。まさか昨日のような場面に遭遇するなんて思ってもみなかった。が、これが現実なのだ。

そう考えると、他にも数人、気にかかるお年寄りがいる。高齢、独り暮らし、サポートするような人がいるという話も聞かない。さらに決して健康状態が良好というふうにも見えない。

そういった人たちの情報を、民生委員の人たちは知っているのかどーか。まずそれを確認しておいた方がよさそうだ。

警察なのか行政なのか、とにかくオフィシャルな機関に連絡を取って、情報を確認しておこうと思う。さらに、僕たちとくし丸に関わるスタッフも、ちゃんとした対処方法を身につけておく必要がある。どこまで踏み込んでいいのか。何を兆候として気にかけるべきなのか。しっかりした研修も受けておくべきだ。

接客、商品知識、レジ研修など、今までとはまったく違った観点からの研修や知識が必要なのだと、つくづく感じた。

やらなければいけないことは、たくさんある。やりたいことも一杯だ。4月から、さらに新しい目標を設定し、とにかく、動こう。

## とくし丸の付加価値

【4月4日】

どーにかなりそうな予感がしてきた。

県南の、某スーパー経営者に面会。とくし丸の事業に、とても共感していただいた。具体的に「行動」に移してくれそうな予感。

何度も言うが、地域の単独店として営業しているスーパーの生き残り策は、たぶんこのとくし丸方式しかないのである。

1ヶ月に1度だとしても、明らかに「大型ショッピングセンターに買い物に行く」という消費者が増えているはずだ。限られたパイの中で、大型ショッピングセンターの売上分がどこかから奪われているのだ。資金、品揃え、価格、駐車場、設備。大資本と勝負して、どれひとつとして敵うものはない。あるとするなら、それはきめ細かなサービスなのである。血の通った人間対人間の、販売を通したコミュニケーションなのである。それを実現できるのが、とくし丸なのだ。

価格勝負で大手資本に対抗しようとすれば、ただただ疲弊するばかりだ。価格ではない、「付加価値」を作り出すしか、これからの時代生き残れない。もう一度言う。

生き残る手立てのひとつが、とくし丸なのだ。

徳島県下のスーパー経営者の皆さん、ぜひ一緒にとくし丸を走らせましょう。これからも、地域の食品供給拠点としての役割を果たしていくために。

## 4月10日

昨日、歩いたお宅に、さっそく今日とくし丸で伺った。約半日歩いて獲得したほんの数軒のお客さんではあるが、喜んでいただけるとやっぱり嬉しい。

一見、とても効率の悪い話のようだけど、とんでもない。これから先、ずっとお付き合いが続くお客さんに知り合えたのだと考えると、これはとても大切なことなのだ。だからこそ僕たちは、歩くことをいとわないのである。

そして今日は、いつもお邪魔しているお客さんの、そのお隣に住むおじいちゃんが初めて買い物をしてくれた。今までノーチェックだったのだが、どうやら相当目が不自由らしく、今までお会いできていなかったのだ。

「家の前で買い物できたら、助かるわぁ」と言っていただき、これからは毎回声をかけさせていただくことに。

そう。とくし丸だからできるサービスなのだ。「アレもありますよ。コレもありますよ」と、トラックに乗っている商品を片っ端から紹介し、その内の何点かを購入していただいた。またこれから何度も伺っていくうちに、よりきめ細かな対応ができるようになるはずだ。

とくし丸の可能性は、どんどん広がっていく。

## 4月11日

毎日が1歩ずつだとしたら、今日は2歩進んだかも。そう思えるほど、いろんなことが前進したような気がする。某スーパー経営者の方と、そのエリアで「販売パートナー」を希望している方を引き合わせ、今後の具体的な進め方について話し合いを持つ。

まずは、現在運行している「とくし丸」そのものを、スーパー経営者に体験していただくことに。話だけでは分からないリアリティを感じてもらうことが、最も早道なのだ。

販売の現場を見ていただければ、どれだけ移動スーパーが求められているかを、間違いなく実感してもらえるはずだ。

夕方から、ファミリー両国の社長、専務、部長を交え、今後のとくし丸運営方法について話し合いを持つ。まだ1ヶ月少々だけれど、この間に見えてきた様々な課題をどう解決していくか意見交換。夏場の生鮮品管理をどうするか、返品はどうやれば減らせるか、そもそも売上をアップさせるにはどうやればよいのか。

具体策をいくつか確定し、さっそく来週から導入してみることになった。まずはやってみて、そしてまた、その次の手を考えていく。前例のない事業を組み立てていくためには、この繰り返しをいとわずやっていくしかないのである。

## 4月12日

雑誌「ソトコト」の取材のため友人のガイ君が、朝の積み込みから立ち会い。その後も、村上君のとくし丸に同行取材をしてくれて、さらに僕へのインタビュー。なんか気合い入ってるなぁ。頼もしい限りである。掲載誌を読むのが楽しみだ。

続いて、徳島新聞の取材が重なり、同じような内容を繰り返し喋ったが、とくし丸を記事にしていただけるなら、何度喋っても苦にならない。今はとにかく、広めたいのだ。

午後、またも佐古地区強化のため、ひとりでピンポン訪問。なんか、ひとりで調査に入るのも慣れてきた。と言うか、この作業が明日の売上に直結すると思うと、楽しいのである。

クジケソウになってきた時に限って、「ほな、うちにも来てな」というお年寄りに出会えて、再び元気になれる。ニンゲンって、本当に「タンジュン」だ。

夕方、中村敦夫さんから、ファックスが届いていた。チェルノブイリ立入禁止区域の「ゾーン」と呼ばれるエリアにも足を踏み入れるらしい。短時間ではあるが、爆心地である原子炉の至近距離まで近づくという。

当日、風が吹くと放射能のチリが舞うとかで、「ビニール合羽か、ウィンドブレーカーのようなものを用意しておくように。マスクも忘れず」というご指示。大変な場所に行くのだと、改めて気づかされる。

原発事故から26年も経っているにもかかわらず、この状況なのだ。「26年後の東北を見ておきたい」という趣旨でスタートした今回の視察。

今は予測の範囲だが、福島の、東北の、日本の四半世紀先は、決して明るくはないのだろうと思わざるを得ない。

## 4月13日

最高新記録、タッセイ。……なれど、気分晴れず。って、贅沢にもほどがある。けど、本当にそんな気分なのだ。ニンゲンの欲望って「スゴイ」と、自分でも思う。

今日は、村上1号車、住友2号車ともに、コースレコードを叩き出した。この1ヶ月少々で、何度「記録タッセイ」を書き込んだことか。それほど順調に、確実に、お客さんの支持を獲得してきている。

う〜、もう少しの辛抱だ。

そうだ。後2ヶ月、ググッと耐え忍べば、きっと1台日販8〜9万円も夢ではないはずだ。求めてくれている人たちは、間違いなく、いる。待ってくれているお年寄りが、まだまだ隠れている。その人たちに出会うために、後2ヶ月、グジャグジャ言うまい（言うだろうケド）。

とは言え、今度僕がとくし丸に乗車するのは、再来週になる。チェルノブイリに行っている間に、他のスタッフがどれだけ数字を伸ばしてくれているか、本当に楽しみだ。

「ありがとう」の数が売上になる。何とも、素敵なお仕事である。

## 4月14日

また新しい人材が登場してきた。しかも、若い。松原弘幸29歳、オトコ、彼女なし、である。先日、とくし丸の話をしたら、眼をキラキラさせながら、前のめりの姿勢で熱心に聞いてくれた。で今日、再度の面談。「ぜひやりたいです！」というウレシイお言葉。僕も、君となら「ぜひやらせていただきたいです」と思う。

すぐには「報いる」ことができないかも知れないけれど、必ず「とくし丸に関わって良かった」と言わせてみせる。それは数年後になるかも知れない。でも、必ずそーしたい。いや、そーする。

事業の成功は、人に恵まれるかどうか、だ。ビジネスプランももちろん大切だけれど、それを推し進める「人」が集まってくるかどうか、だ。

少しずつではあるけれど、とくし丸には、確実に人が集まりだしている。大丈夫だ。その調子だ。今のまま、進め。

## チェルノブイリへ

### 4月15日

「ヘリコプター人間」。もう20年も前になるだろうか。日本LCAだったか、ビジネスコンサルタントだったか（どちらも大手経営コンサルタント会社）で教えてもらった話である。

足下を見つめていないと、大きな石ころ、水溜り、倒木などが散乱していてつまずくことになる。もしかしたら落とし穴だってあるかも知れない。だからシッカリと周りに注意を払わなければいけない。

でも、だからと言って、「足下だけ」を見つめて歩き続けると、進む先を見間違うかも知れない。大きな意味での周辺の環境が見えなくなってしまうからだ。そんな時、たまには上空に昇って、空から自分の歩んでいる場所を俯瞰する必要がある。

すると、歩いていたポジションからは見えなかった、「道」が見えてくる。自分はドコに向かって歩いているのか。その先にはどんな環境が待ち受けているのか。

で、それを称して「ヘリコプター人間になれ」というのだ。

足下もシッカリ見つめつつ、たまには大空から大局を見る眼を持つこと。ヘリコプターのように、上に行ったり下に行ったり、自由自在に視点を変えて、物事を捉えることが大切なのだ。

で、日々、買い物に困っているおばあちゃんのためにトラックを走らせつつ、一方でチェルノブイリに足を運び、現地の人たちの話に耳を傾けてくる。

まったく違う話のようだけれど、僕の中ではどちらも繋がっている。何だか言い訳がましく聞こえるかも知れないが、本当にそー思っている。

1週間、留守にする間、スタッフには負担をお願いすることになるが、今回の経験はとくし丸にとっても、決して無駄にならないはずだ。

## 4月23日

無事、帰る。20数時間かけて、ウクライナのキエフから、やっと徳島に辿り着いた。チェルノブイリ視察の1週間は、本当に「濃厚」な日々だった。まだまだ消化しきれない大量の情報を、これから時間をかけて少しずつ伝えていきたいと思う。現場を見てきた、まだまだ「数少ない1人」としての、役割だと考えている。

とにかく、1週間、とくし丸を稼動させ続けてくれたスタッフの皆さんに心から感謝。

## 4月26日 チェルノブイリ報告記1

26年前の4月26日。今日がチェルノブイリ原発事故の起こった日だ。この事故について、地元の新聞が報道したのは、3日後の29日。しかもその日の新聞紙面で、信じられないくらい小さな記事で報道されただけだ。

残念ながら中身の確認はしようがない（まったく読めない）が、この新聞はキエフ市にある「チェルノブイリ博物館」に展示されていた。

当時、ウクライナはまだ「ソ連」の一部だった。情報は、確実にコントロールされていたわけだ。権力は、必ず何らかの「フィルター」をかける。その強弱は別として、真実は決してストレートには伝わらない。

チェルノブイリ原発事故から26年後に感じる、この「報道の違和感」を、僕たち日本人も四半世紀先に感じることになるのかも知れない。いや、間違いなく「感じる」ことになるのだろうと思う。

そして、厳格なチェックを2箇所も通り抜け、実際に事故を起こした原発の200メートル手前まで行ってきた。その前にガイガーカウンターをかざしてみると、見る見る数値が上がってきた。3・094マイクロシーベルト/時という、完全にアウトな値。

「石棺」と呼ばれる鉛とコンクリートで、ガチガチに固められているはずなのに、コレである。26年経った今も、ニンゲンにはコントロール不可能なのだ。

いやそれどころか、これから先、何十年、何百年と、繰り返し放射能漏れを阻止するために、延々と作業をやり続けなければならないのだろう。本当に気の遠くなるような事態である。

こんな状況を生み出す危険性を孕んだ原発が、日本には50数基も存在する。しかも人口密度の恐ろしく高い、狭い国土に、だ。それでもまだ政府は「再稼動」を言うのか。とても正気の沙汰とは思えない。

「脱原発」なんて生易しいことを言っている場合ではない。「即刻中止・廃止」にするべきだ、と改めて思う。

また、チェルノブイリ立入禁止区域内で暮らすおばあちゃんたちの住宅にも訪問し、インタビューさせてもらった。原発から30㎞圏内の立入禁止区域にもかかわらず、暮らしている。聞けば帰還した人たちのほとんどが亡くなってしまい、今は数人のお年寄りだけが暮らしているらしい。なら、食事はどうしているのかというと、なんと移動販売がやって来て、そこで食料品を調達しているらしい。まさか、こんな場所で移動販売の話を聞くことになるなんて。

当たり前のことだけど、やはり「食料調達」は、人間が暮らしていく上での最重要課題なのだ。

僕の中で、チェルノブイリと徳島が、こんなところで繋がった。

## 5月5日

今日の午後、初めて県南にあるスーパーと、販売パートナーと、とくし丸の三者が正式な契約を交わした。僕たちが考えていたビジネスモデルが、いよいよ本格的にスタートすることになったのだ。

エリアは、那賀川町、羽ノ浦町。来週から、需要調査に入る。5月中に顧客リストを完成し、トラックが仕上がってくるであろう6月上旬から、販売開始である。

全力で、取り組む。

手を上げていただいた販売パートナー第1号の織原元広さん、そして商品供給してくれる「フードセンター・ニコー」さんに報いるためにも、ぜーったいに、軌道に乗せてみせる。この第1号を成功させずして、とくし丸の存続はあり得ないのだから。

## 5月25日

そういえば「あわわ」創刊当初、毎夜のごとく「今日で止めよう」と思いながら湿った万年床に潜り込んでいた。いくらやっても雑誌は売れず、広告も少なく、もちろん給料なんてもらえるはずもなく。仕方なく飲み屋で弾き語りのバイトをやって、30分1ステージ1000円のギャラをいただき、何とか飯代を稼いで凌いでいた。

タウン誌で飯が食えるなんて思ってもなかったし、まして会社にするなんて、「夢のまた夢」であったのだ。

とくし丸創業3ヶ月を迎え、そんなことを久しぶりに思い出したのである。「成功の確証」なんて「あるはずがない」。今自分がやっていることは、果たして正解なのかどうか、常に不安が付きまとう。

そーだ。これこそが「ソーギョー」の苦しみなのだ。正直言って、「吐きそうになる」こともシバシバである。

が、間違いなく「需要は、ある」のだ。需要がある限り、そこには必ず「可能性」があるのだ。その可能性にかけてみるしかない。

## チェルノブイリ報告記2

午前中、母校の阿南高専で「技術者倫理」についての講義。90分の枠だったが、時間が足りず、質疑応答の時間が少なくなってしまった。学生の皆さんには、申し訳ないことをした。喋りだして初めて、言っておきたいこと、伝えたいことがたくさんあるコトに気づく。まだまだ喋りたいことがあったのに。

チェルノブイリ視察報告は、技術者にとって、究極の「倫理観」を問われるテーマだったと思う。素晴らしい技術によって、素晴らしい「何か」を手に入れる。が、そこには必ず「明暗」が存在する。メリットを生み出せば、必ずデメリットも否応なくワンセットで生み出すことになる。それを分かった上で「技術」を高めていかなければならない。

許される範囲のデメリットもあれば、決して「許されない」デメリットもある。もちろん、原発は「許すことのできないデメリット」を孕んでいる。

そして1ヶ月後、学生たちが書いたレポートが届いた。僕の話に共感してくれた学生もいれば、「やはり、原発は必要ではないか」という声も。それで、いいのだ。まず、自ら考えることが大切なのだ。

まるで「乾いた砂が水を吸い込む」ように、彼らはいろんな情報に接し、そして自ら考えようとしている。

オトナたちの価値観や考え方を簡単に受け入れるな。でも、様々な声を聞け。そして、自分なりの答えを導き出せ。そうすることが、次の「新しい時代」を創り出すことになるのだから。

## 増える買い物難民

**6月3日**

車は「便利」だ。もはや車がないと、どーしよーもない。先日、大阪から帰って来た娘に「ばーちゃん家に行くから車貸して」と懇願され、ばーちゃんトコに行くなら仕方ないか、と2日間貸してやった。とたんに、困った。コーカイ、した。

少ないバスに時間を合わせられるほど余裕はないし、かといって、歩き、自転車で移動するには遠過ぎる。後の選択肢は、タクシーか？　それもなかなか贅沢な話である。

で、結局、村上君にお願いして、送り迎えをしてもらったという、ナサケナイ状況であった。車に乗れない人たちは、とても不便だろう。まして、足の悪いおばあちゃんたちともなれば、買い物に困るのは当然だろう。たった2日間、車に乗れなかっただけで、そんな当たり前のことを、身をもって実感したのである。

今の街づくりは、明らかに「車優先」である。徳島県なんて、これから人口がどんどん減るというのに、道路だけは次々と新しく造り続けられている。これで、いいのか？

車ができて、とても便利になった。電気が使えて、とても便利になった。でも、その「便利さ」と引き換えに、車に乗れない人たちの「不便さ」を生み出し、原発の「破滅的な危険」を背負うことになった。

僕たちは、どこか根本的なところで「間違い」を犯してきたのではないだろうか。

## 6月4日

「買い物弱者910万人。徳島では7万人」。今日の徳島新聞にも載っていた記事だ。農水省が発表した数字である。昨年、僕たちが事業計画を立てている時、経産省のデータでは600万人と言われていたから、今回の数字はグッと上がっている。そして徳島では、7万人もの「買い物弱者」がいるという。人口比で言うと、9・2％であるらしい。

この数字は、かなり正確だと思う。なぜなら、僕たちが歩いた一般家庭では、約10軒に1軒が、「移動スーパー」の訪問を希望しているからだ。実際の数字と、ほぼ合致している。

そして、さらに言うなら、このパーセンテージは、間違いなく将来アップしてくる。現場で1000軒以上ヒアリングしてきた僕たちの「実感」だ。そこには、「買い物難民予備軍」とでもいうべき人たちが、たくさん存在している。

とくし丸を、この街の「スタンダード」にしなければいけない。「移動スーパーでお買い物」という消費行動が、ごく当たり前の時代が必ず来る。それが「良い、悪い」の問題ではなく、間違いなく「必要」とされるのだ。

一昨日、県下のメディアに送ったプレスリリースの反応が、上々である。今日だけでも、四国放送、徳島新聞、読売新聞、NHK徳島から、取材の申し込みがあった。今月6日に発売予定の「ソトコト」にも掲載される予定だ。

とくし丸を軌道に乗せるため、あらゆる方法を駆使しようと思っている。

## 6月6日

鳥取県の大山《だいせん》の麓近く、江府町にあるスーパー・あいきょうへ。出発前、ファミリー両国・田宮店で、手土産用の、すだち、半田そうめん、竹ちくわ、フィッシュカツ、大野のりを大量に買い込む。

移動スーパーの、僕たちの師匠とも言える安達社長に、この3ヶ月の営業報告とお礼、そして今後の展開についてのゴシドウ、ゴベンタツをいただくために、約半年ぶりとなる鳥取へ車を走らせたのだ。

この間、幾度となく電話で相談に乗ってもらっていたけど、やはり直接顔を見てじっくり話ができたのは、良かった。

実際に営業をして、問題、疑問、課題、が初めて見えてきた。半年前と今日の話の内容は、やはり「似て非なるもの」なのである。

それだけとくし丸に「ノウハウ」が蓄積されてきたということかも知れない。たかだか3ヶ月少々の期間ではあるが、濃密な時間を過ごしてきた。いや、もちろんこれからも、より濃い日々を送ることになるだろう。

## 6月7日

モンベルの創業者・辰野勇さんに電話をした。久しぶりだったけど、ちゃんと話を聞いていただけた。

用件は、モンベルが商品化した「浮くっしょん」についてである。普段はクッションとして使えるが、いざという時には救命胴衣にもなるというこの商品の情報を知った時、「コレは売れる」と直感した。3・11以降、誰もが感じている不安。まして海に近い徳島市や県南部の人たちは、「大きな不安」を抱いているはずだ。

僕自身、川沿いに自宅があるため、「津波が来たら一発でアウトだな」などと、つい考えてしまう。

もちろん、「コレさえ買えば超安心」という訳ではないけれど、少なくとも「大きな不安」をちょっとだけ和らげてくれそうに思うのだ。

そう、とくし丸で、この「浮くっしょん」を売らせてほしいという交渉である。とくし丸は「食品」だけを売るわけではない。こんなものだって、「いいもの」ならバンバン販売してしまおうと目論んでいるのだ。

さて、どーなるか？（チラシを配って注文をいただこうとトライしたが、本業をこなすだけで手いっぱいで、残念ながら失敗に終わりました……）。

## 6月12日

いや～、面白かった。帯広畜産大学教授・杉田聡さんをお迎えして、夜の食事。杉田さんの専攻は「哲学」。「買い物難民」という言葉を作った人でもある。何やら「ややこしい奴」ではないかと思っていたが、フィールドワークをしっかり積んだ、現場の分かる人物であった。

その日、杉田さんとは深夜1時過ぎまで飲み続けた。お酒は「たしなむ程度」なんて言ってたけど、どうやらかなり飲める方であった。

「日本酒がいいですね」というリクエストに応え、僕がイチバン酔っぱらってしまう冷酒を2人で飲みながら、多岐にわたる会話を楽しむ。

そして翌朝、四国放送の「フォーカス徳島」が杉田さんをインタビューするために、ファミリー両国・田宮店へ来てくれた。さっそく今夕、放映された。

10月に出版予定の、杉田さんの著書に「とくし丸」を紹介してくれるそうだ。ありがたいことである。ちょっと変わり者（失礼！）の杉田さんとは、どうやら「波長が合う」のである。昨日、今日とご一緒して、今後もぜひお付き合いを深めたい人だと感じた。

夕方、販売パートナー希望の男性に面接。このところ次々と人材が登場してくる。しかもどの人も安心して話ができる方々ばかり。初期費用約３００万円（ほとんど車両代）も、真剣に検討してくれている。とくし丸のビジネスモデルが、いよいよ本格的に動き出しそうである。

## 6月17日

「雨降って地固まる」というけれど、昨日今日は、まさに「故障して、喜び深まる」なのであった。

昨夜、納車されたばかりの織原3号車が、電気系統の故障で搭載しているレジが作動しないとの連絡があった。営業開始は明日である。で、今日は日曜。とにかく、今日中に、この問題をどう解決するか。あるいは、解決できない場合は、どう対処するか。昨日の夜からズーーッと、考え続けた。おかげで、昨夜は運転していた僕の車がひっくり返るというイヤな夢まで見てしまう始末だった。

まず、朝イチでオートバックスに織原3号車を持ち込み、症状を見てもらう。インバーターの故障ではないかということになり、新しいインバーターを購入。その後、急遽、徳島でのサポート修理工場であるマーキュリーへ車を移動させ、さらに詳しく状態をチェックしてもらう。その間、万が一修理できない場合を想定し、とくし丸2号車を村上君にスタンバイするよう要請。

結果的には、マーキュリーのスタッフが、実に的確に分かりやすく状況を説明してくれて、持ち込んだインバーターを手早く付け替え修理を完了してくれた。本当に、心から「感謝」である。

そんなこんなで、ま、いろいろあったけど、無事、明日から織原3号車のスタートが切れることになった。ジタバタ大変だった分、明日の出発式の喜びは数倍アップしそうだ。

羽ノ浦・那賀川町の皆さん、待っててください。カワイイとくし丸3号車が、いよいよ街中を走ります。

## 新エリアへ

**【6月18日】**

昨日までのテンヤワンヤも忘れ、今日、織原3号車の初日である。村上君と2人で積み込みのお手伝いをした後、織原さん自らが運転し、村上君が助手席に乗っていよいよスタート。お見送りの僕は、とくし丸3号車の姿が見えなくなるまで手を振った。で、結果。

初日から3万円オーバーの、目標金額タッセイなのである。手応え、バッチシだ。やはり徳島市内に比べて、スーパーまでの距離が圧倒的に遠い。「買い物」に困っている人が、いかに多いかということの証明でもある。

とくし丸は、間違いなくここでも「必要」とされている。明日は、僕が助手席に乗る番だ。どこまで数字を伸ばせるか、楽しみ。

そして、コース再編となった田宮・助任コースでも、6万7000円という新記録樹立。僕と村上君が阿南市羽ノ浦町に向かったため、急遽、元あわわのマミちゃんが応援に入ってくれた。運転は若干29歳、彼女なしの、松原君。まだ経験1ヶ月少々にしかならない彼に、新コースを任せた結果が、コレである。頼もしい限りだ。これからも彼を信頼し、全面的に任せていくことにしよう。

## 6月19日

今日は、那賀川町で織原3号車に乗る予定だったけど、朝イチで織原さんから「台風のため風が強過ぎてキケンなので、休みます」との連絡が入る。どーやら、徳島市内に比べて、そーとー風雨が激しいようだ。

が、昨日「明日、来てくれるの？」という問い合わせ電話をいただいた方がいたので、電話を入れてみた。案の定、「今日、来てくれると思ってたから、昨日買い物してないし、困った」という。で、おばあちゃんの注文を聞いた上で、織原さんに再度電話し、「商品を届けてほしい」と伝える。

暴風雨の中だったと思うが、織原さんも気持ちよく引き受けてくれ、そのおばあちゃん宅に無事食品を届けてくれた。もちろんおばあちゃんは、いたくカンゲキしてくれたようだ。

で、徳島市内では、松原君が「どうしても届けたい人たちがいる」ということで、村上君を助手席に乗せ、佐古コースに向かった。午前中なら、何とか凌げそうだと判断した。

予測どおり、12時までが限界だったが、それでも伺ったお宅では、とても喜んでいただけたようだ。

この雨の中出かけた松原君、村上君は、アッパレである。この気持ちがあれば、とくし丸は間違いなく伸びる。そして、お役に立てる、と確信する。

話は変わるが、明日、福島県飯舘村を目指す。伊丹空港から飛行機で仙台に飛ぶつもりなので、台風を追いかける格好になる。果たして、飛行機は飛ぶか？

先日、飯舘村で酪農業を営んでいた長谷川健一さんの講演を聞く機会があった。話の内容は、とても衝撃的だった。講演後、控え室でしばらく話をさせていただいたが、機会があればぜひ現地を訪れたいと思っていた。

明日の飛行機が飛ぶことを祈るばかりだ。

## 6月27日

とくし丸の事業目的は、①買い物困難者の支援、②地域スーパーの売上支援、③雇用の創出。この3点である。

この目的を達成するために、とくし丸を立ち上げたのだ。少しずつではあるが、確実にその目的に向かっている。

そしてやっと辿り着いた、7万円台。

今日、ひとり立ちした松原君が、新記録の7万円台を売り上げてきた。今朝、「今日は7万円を目標にします！」と宣言して出かけて行ったけど、まさか本当にクリアしてくるとは。彼のヒタムキな姿勢が、結果として表れたのだ。

夕方は2人きりだったけど、2人きりで、大いに喜び合った。思わずファミリー両国の太田社長や村上君にも電話報告したほどだ。

予測の数字が、4ヶ月を経てやっと現実になったのだ。とくし丸は、確実に必要とされている。このまま地道に移動スーパーを走らせ続ければいい。世の中がとくし丸を待っていてくれている。

さらに、4号車の契約が、今日交わされた。今度は、ファミリー両国・大谷店で、とくし丸の4台目がスタートすることになる。販売パートナーとなるのは、多田和弘さん。納車は8月のお盆を過ぎてになりそうだが、8月中には、さらにもう1台の仲間が増える。そう、大谷店の周辺で、買い物に困っている人たちのお役に立てるのだ。

まだまだゆっくりした足取りではあるが、少しずつ、ほんの少しずつ前に進んでいる。

## 半期決算は赤字

**6月30日**

少々、解説すると……。とくし丸をそれぞれの地域で走らせるのは、基本的に販売パートナーと呼ばれる個人事業主である。それをサポートするのが、「株式会社とくし丸」なのだ。要するに「株式会社とくし丸」は、とくし丸を走らせるためのプロデュース会社なのである。

約300万円の資金で、自分の店舗が持てる。その店舗が「たまたま」移動するというだけの話だ。

いや、今の時代、「移動できる店舗」は明らかに有利だ。一般の店舗では、お客さんが来なかったら、せいぜい広告を打つくらいしか手がない。もしくは改装するか、販売メニューを変更するか。ま、いずれにしても「費用」のかかることになる。

が、移動できるとくし丸は、お客さんのいるところを探し出し、そこへ自ら店舗を移動させればいいのだ。

これは、強い。いろんな工夫もできる。しかも、費用はかからない。儲けはそれほどではないかも知れないが、その分「おばあちゃんたちに感謝される」という特典付きである。いや、もしかしたら、将来的には「儲かっちゃう」時代が来るかも知れない（儲けを目的にしてはいけないけど)。でも、それだけ可能性を秘めている仕事であるということは確かなのだ。

誰か、「やってみたい」という方は、いないか?

すでに、多田4号車が、8月スタートを予定している。そして現在、さらに数人が、可能性を求めて販売体験をやっている。

## 7月2日

ITだ、デジタルだ、と言われ続け、技術革新がドンドン進んでいくけど、果たしてニンゲンの機能はどこまでついて行けるのか?

所詮、人のキャパなど知れている。何かを手に入れたら、その分、何かを手放しているものだ。便利さを獲得して幸せになれるかというと、決してそうではない。「ベンリサ」と引き換えに、必ず「ナニカ」を失っているものだ。そして、そのナニカが、実はとっても大切なものだったりもする。でも、人はなかなかソレに気づかない。

1日は24時間しかないし、どんなに長く生きたとしても100年少々。限られた「時間」の中で、何を選択し、何を追い求めるのか。大したことはできそーにないけど、せめて、ショージキにはやっていきたい。

超アナログで、超ジミで、超人間臭い仕事であるが、とくし丸は、時代に何周も遅れた事業であるがゆえに、「周回遅れのトップランナー」になれる可能性を秘めているのだ。

## 7月10日

なぜ、売れないのだ。と、思ったのは、30数年前のあわわ創刊当初。3000部刷った創刊号は、たったの600部しか売れなかった。その後も1、2年は、ずっと低空飛行が続いた。少しずつ、ほんの少しずつ増えてはいたけど、目標にははるかに及ばず。

この雑誌は、本当に徳島に必要とされているのか？　ひょっとしたら、ただの「独りよがり」なのではないか？　止めたって、誰も残念がってくれないのではないか？

そんなことを夜な夜な考え、悶々とした毎日を送っていたのを思い出す。

で、ずいぶん状況は違っているけど、今まさに、その当時とダブってしまう。

事業が軌道に乗るかどーかは、サーフィンのようなものである（やったことないけど）。波にいかに乗るか。早過ぎても転倒するし、遅過ぎたら間に合わない。絶妙のタイミングで「波」に乗れるか、だ。

今、とくし丸は、小波に乗っている。が、小波では成立しないのだ。大波にうまく時を合わせ、惑うことなくどー乗っかるか。

そもそも、「大波は来るのか？」という問題も、ある。いや、絶対に、ソレは来るだろう。

「その時」がいつなのかは、誰にも分からないけど、必ず、来る。

大波よ、早く、来い。

## 8月7日

税理士さんからの、決算報告会。1月11日に会社を設立し、2月20日から業務をスタート。約半年の営業を終えて、毎月平均50万円の赤字が続いている。もちろん「予測の範囲」だ。現金資金は、後1000万円ほど残っているから、今のままでも20ヶ月は何とかなる。

が、僕自身、無給だし、周りの無報酬での協力者がいてこその、毎月赤字50万円であるからして、ま、実質は、毎月100万円以上の赤字と考えておいた方がいいだろう。うぅ、ムネガ、クルシイ。

が、これが、「ソーギョー」である。資金が尽きるのが先か、損益分岐点を超えるのが先か。とても分かりやすいジョーキョーなのだ。

気の抜けない日々が続くけど、少しずつ先が見えては来ている。とにかく、今は「我慢」と「工夫」が必要だ。

## 8月22日

現在、4台のとくし丸が計10コースを走っている。1・3・4号車は各3コース、2号車だけは1コースしか走っていない。なぜか？ それには、とても深～いワケがあったのだ。実は、アクシデントがあった場合、2号車の空き日を、代車として走らせることで、お客さんにかけるメイワクを最小限に止めようという考えだった。

で、昨日、1台が事故。このリスクマネジメントが功を奏した（イヤ、そうあってなどほしくはなかったけれど）。

ま、誰にも怪我はなかったのが幸いだった。

今回の出来事を、とにかく何とか乗り切るため、協力会社のマーキュリー、そしてとくし丸スタッフが一丸となって対応している。

で、どーにか、こーにか、乗り切るのである。やれば、できる。

## 8月26日

「ウレシサも、中くらいなり、ゴジュウゴの夏」。今日でシシャゴニューすると、60のカンレキ。自分でも驚く。精神は20代とほとんど変わりないのだけれど、さすが肉体は、どうしようもなくゴジューゴである。

とりあえず、宣言しておこう。

「60歳で、ヤメル」

後5年は、とくし丸にボットウしよう。いや、あと5年後にとくし丸が存在していれば、である。なぜなら、それはきっと「軌道に乗っている」ということだろうから。もしかしたら、5年を待たずして「ヤメテル」かも知れない。

今の資金が続く限り、やり続ける。やり続ける限りはメイッパイ、やる。社会が受け入れてくれるのが先か、資金が尽きるのが先か。

時たま、「この事業プラン自体に、無理があるのではないか?」「もしかしたら社会に必要とされていないのではないか?」という、押しつぶされそうなフアンが襲ってくることがある。もう、ほとんど吐きそうになる。

また逆に、「こんなにスバラシイ事業計画はない」「もしかしたら、僕はテンサイではないだろうか」と思い上がる時もある。

ま、とにかく、5年後にゴールを置いて、また明日から頑張ってみる。

## お客様満足度を上げる

**8月28日**

松原1号車の助手席に乗って、久しぶりに佐古コースを回ってみると、数割のお客さんが入れ替わっていた。オドロキと共に、ショーバイの難しさを実感する。

「買い物に困ってる人たちのお役に立てる」と前のめりな気持ちで始めた事業ではあるけれど、現実はキレイゴトだけではやっていけない。いつまでも「カスミを喰って」生きては行けないのだ。

いや、続けるためには、やはり「適切な利益」がなければ続けて行けないのである。とくし丸のやっているコトは、社会貢献でありつつ、一方ではハッキリとした「ショーバイ」でもあるのだ（当たり前のことだが）。そこらへんの折り合いを、どうつけていくか。とても難易度が高い。

そして、お客さんはワガママで浮気性なのである。これも、至極トーゼンのことである。他に選択肢があれば、気楽にそちらへシフトする。そんなお客さんの支持を得続けるソンザイにならなければならない。そのためには、まだまだ創意工夫が必要だ。

天候不順の空の下、雲間から少しだけ見える青空を眺めつつ、いつかは「快晴」が来るのだと、自分自身に言い聞かせる。

**9月4日**

久しぶりに、織原3号車が担当するエリアへ再需要調査に入った。そこで出会ったおばあちゃんは、「月に1回、病院へタクシーで行く。その時、買い物をして帰る」という。で、「こしばらく、お豆腐、食べてないんよなぁ」と、シミジミ。「あんたんトコは、お豆腐持ってきてくれるんで?」

話してて、何だか泣きそうな気分になってきた。

近くにお店がないがゆえに、好きな豆腐を何週間も食べていないと言うのだ。たかだか「豆腐」だけれど、されど「豆腐」なのだ。

そういえば、最近、とくし丸では、豆腐がよく売れている。あまりにも日常品過ぎて意識してなかったけれど、豆腐は、浸透度のバロメーターなのかも知れない。「豆腐が売れる」ということは、とくし丸が、それだけ暮らしの中に入り込んできているという証しなのではないだろうか。

確かに、豆腐は冷凍できないし、冷蔵では日持ちも数日しかない。1週間に1回以上豆腐を食べたければ、やはり週に2回は買い物をしなければいけない、ということだ。

おばあちゃん、安心して。明日から週に2回、ちゃんととくし丸が豆腐を届けに行くからね。

## 9月9日

徳島市方上《かたのかみ》周辺を再需要調査で歩いていた時、ジョーレンのおばあちゃんに会ったので、しばし立ち話。

「最近、あんたらが来てくれるよーになったんで、まとめ買いせんですむよーになった。おかげで冷蔵庫の中も整理されたし、賞味期限切れで捨てることもなくなった」

何ともアリガタイお話である。とくし丸が伺うまでは、「次に、いつ買い物行けるか分からないので、余分なものもついつい買ってしまっていた」とゆーのだ。そして、冷凍庫にどっさり押し込み、奥の方に埋もれた食品が、いつの間にか賞味期限切れになってしまっていたとか。買い物が「便利になる」ということは、こんな効果も生み出すのである。言われてみれば当たり前のことだけど、「なるほど」と思った。

思い起こせば、去年の今頃。移動スーパーというのが、「事業として成立するのではないか?」と考え、いろんな関係者に話を聞きに行き始めた時期だ。あれから約1年。たったの1年ではあるけれど、本当に濃厚な時間を体験してきた。そして、その「濃厚な時間」は、まだまだ、しばらく、続きそうだ。

## 9月14日

ドリョクは、報われない、時も、アル。1日中歩き続け、お客さんに出会わない、なんてことがあるはずないと思っていたが……あった。ま、しかたない、そんな時だってアルのだ。なら、どんな手を打つか。ソレを考えなければいけない。

疲れ果てて事務所に帰ってきたのだけれど、その後の打ち合わせで、とくし丸5号車が確定した。

で、一気に「ヤル気」にシフト・チェンジ。なんか、世の中、ステルカミあれば、ヒロウカミあり、なのだ。

そしてさらに、全車、ゴーカク点。1号車～4号車、それぞれが、それぞれの最低目標を達成できた日でもある。今日でちょうど、運行を始めて丸7ヶ月、である（織原3号車は、丸3ヶ月。多田4号車は、丸1ヶ月）。

たくさんのお客さんと馴染みになり、そして頼りにされるようになってきた。日を追うごとに、ソレを実感するのだ。

この仕事は、間違いなく世の中に求められている。多少なりともお役に立てている。それだけに、何とか軌道に乗せなければ。

が、事業化するには、まだまだ時間がかかりそうだ。ビジネスの世界は、そう甘くない。だからこそ、やってやる。

## 大切なのは人材

**9月26日**

とくし丸5号車に内定した渡邊浩高さんが、来社。さて、どのエリアを彼に担当してもらうか？　コレは、とても大きな問題なのだ。そこで、東方面、西方面へ実際に車を走らせ、町の様子をハダで感じてみることに。地図上で考えているのと、現場へ足を運ぶのとではまるっきり違う情報が入ってくる。

驚くべきことに、最近、町並みを見るだけで、需要の大きさが「なんとなく」分かるようになってきた。それは、住宅の古さだったり、洗濯物や玄関前に置かれているエクステリアだったりで、そこに住む人たちの「生活の息遣い」が伝わってくるのだ。

そして、渡邊さん合意の上、ほぼエリアを決定。いよいよ11月中のスタートを目標に、具体的作業を始めることになる。

で、夕方から羽ノ浦町のスーパー・ニコーへ。ここでは、4ヶ月目に入った織原3号車のコース再編の打ち合わせ。10月から、古庄コースと春日野コースを合体させて、新たに中島コースを設けることに。これにより、落ち着いてきた売上を、一気に引き上げる作戦だ。
これからの約半年が、とくし丸の今後を決定付ける、重要な期間になりそーだ。

## 10月2日

「ありがとう」の数だけ、売上が上がる。これは、本当の話なのである。売上が上がらない時期は、「付き合い買い」や「義理買い」だったりするのだけれど、とくし丸を頼りにしてくれるお客さんが増えてくると、購入額もアップし、結果として日販も上がってくるのだ。よーするに、買い物に困っていた人たちが口にする「ありがとう」の数が増えるほど、売上が上がる、ということなのだ。

そうなると、仕事もますます楽しくなってくる。気持ちよく販売できるし、やりがいもバシバシ感じるよーになる。いや、何ともアリガタイお仕事なのだ。今日も、全車、目標タッセイ。よしよし、このチョーシで進んでいこう。

で、もっと「ありがとう」に出会うため、明日も朝から走るのだ。

## 10月15日

事業を始めてから半年以上が経ち、経験の中からいろんなことを学んだ。一括りに「買い物難民」と言っても、その「困窮度」にはかなりの差があるようだ。ならば、それを数値化できないものかと、最近考えるようになった。

例えば、次のような項目が「買い物難民度」に影響を与えていると考えられる。

①スーパーからの距離

②健康状態

③自動車、バイク、自転車等の利用状況

④経済的状況

⑤サポートしてくれる人の環境

⑥公共交通機関の便利度

⑦買い物への関心度

これらの項目をさらに細分化し、点数化することで、その人の「買い物難民度」が数値化できるのではないだろうか？

とくし丸のお客さんに一旦なっても、数週間で離れていく人、買ってはくれるが単価の安いままの人、回数を追うごとに頼りにしてくれる人と、どんどん分類されていく。それは、まさにこれらの項目が複雑に影響しているからなのだ。

もし、このような「買い物難民度数」がちょっとしたアンケート、あるいはヒアリングで確認できれば、我々の事業にも、とても役立つのではないかと思うのだ。

これは真剣に、今後の課題としなければいけない。

## 10月21日

初の全員ミーティング。現在、関わっているメンバーを全員集めてのミーティング。それぞれ個性豊かな人たちに集まっていただき、今後のとくし丸の「あり方」について話し合う。

予測以上の時間はかかったけれど、とくし丸は確実にチカラを付けてきている。

どーにかしなければいけないし、どーにかなるだろう。可能性は、間違いなく高まってきている。

どんなに大きな企業や組織でも、所詮は「人」の集合体である。どんな人材が、どれだけ集まるかが「成功の秘訣」なのである。

とくし丸には、しっかり「人」が集まってきている。コレで成功しないはずはない。結局、最後は人の問題だ。

これからのとくし丸は、加速度的に伸びるだろう。

## 10月23日

5号車のコースを作るために、明日から徳島市国府町界隈を需要調査で歩く。事前に情報収集もしてあるので、効率的に回れるはずなのだが。コレばっかりは、やってみないと分からない、のである。

さっきカテキン緑茶をまとめ買いしてきた。明日からの「歩き」に備えてである。この機会に、一気にお腹をへこませてやろう計画、なのだ。

株式会社とくし丸は現在、赤字続きなもんだから、僕は無報酬。が、それはあくまで金銭的なムホウシュウである。実際には、精神的・肉体的健康を与えてくれている。リッパなホウシュウをいただいているのだ。

おばあちゃんたちには、笑顔で「ありがとう」と言ってもらえるし、お腹はへこんでくるし。何物にも代え難いホウシュウを手に入れている。

ま、とはいえ、金銭的な報酬も必要である。さて、それをいただけるようになるのは、いつのことやら。

## 10月24日

「とくし丸」は、「徳島る」であり、「篤志丸」でもある。「徳島る」は、徳島の動詞形、なのである。みんなで「徳島る」のだ（ココらへん、何となくニュアンスで受け取ってほしい）。
で、辞書によると、「篤志家」とは、「社会奉仕・慈善事業などを熱心に実行・支援する人」とある。そこで、この篤志をネーミングにいただいた。
であるからして、とくし丸は、徳島県外でも使えるようにという想いも込めてネーミングした。このとくし丸が、もしかしたら県外でも走り出すかも知れないという連絡をいただいた。おぉ、望むところだ。ぜひともとくし丸をそのまま使っていただきたい。ネーミングはもちろん、デザインも、音楽も。そのクオリティは、自信を持ってお薦めできるメンバーが創ってくれたものなのだから。
グラフィック・デザイン＝如月舎・藤本孝明
音楽制作＝ココナッツ・スタジオ・柳町春雨
最強のメンバーが、とくし丸のために、心を込めて創ってくれた作品である。

## 11月6日

気温のせいか、ケツアツがどんどん上昇してくる。数年前からクスリを飲んでいるのだけれど、温度が下がると、血圧が上がるという、とても分かりやすい関係なのだ。が、もしかしたら、ストレスも影響しているのか？

まさか、ね。とは思うのだけれど、ソーなのかも知れない。なんだかんだ言いながら、この1年、ガムシャラにやってきたものなぁ。ソレはソレで、とても面白くやってきたつもりなのだが、やはりストレスは、無自覚にベールをかぶせてくるものかも知れない。

健康の話題で盛り上がれれば、リッパなオヤジ。若者は「未来」を語り、熟年は「現在」を語り、老年は「過去」を語る。

そして「オヤジ」たちは、「健康」を語って、盛り上がるのである。血圧問題は、僕たちの年齢になれば、少なからず誰もが抱えるテーマなのだ。

最近はもらいタバコだけにしているし、お酒を飲みに出る回数も極端に減っている。さらに、昔に比べりゃ、どれだけカラダを動かすようになったことか。にもかかわらず、ケツアツヤローは、なかなか下降線を描こうとしない。なぜ、だ?

リッパに、マジメに、ケナゲに、頑張っているのに、血圧は下がらないのだ。許せん！と言ったところで仕方ない。さらなる節制を行わねば。明日から蕎麦茶を飲み、お酢を摂取するよう心がけよう。

今日も、よ〜く、歩いた。明日も、歩く。そろそろ国府コースが完成する予定だ。

## 11月8日

県外のスーパーから4名が、朝から視察に。その対応のため、急遽とくし丸を降りて、事業の説明を行う。地方のスーパーは、どこも同じように「買い物難民対策」を検討しているようだ。が、残された時間は少ない。机上論ではなく「現場」で学んでいくしかないのだ。それはまさに、この1年で僕たちが学習してきたことである。全国のいろんな場所で、地元のスーパーが中心となってとくし丸の仕組みを広げてくれればと願う。

大手資本との競争。消費者心理の変化。様々なサービスの台頭。「安売り合戦」から脱却して、適切な利益をちょうだいしながら、消費者に持続可能なサービスを提供していかなければならない。

## 11月11日

今朝のTV番組にJリーグの川淵キャプテンが出演していた。1年以上前の話になるけど、川淵三郎さんが徳島に来られた時、徳島駅のホテルの1室で「街中スタジアム計画」について、プレゼンさせていただいた。その時から、僕は「川淵ファン」である。

その川淵さんがJリーグに関わったのは、54歳の時だったそーだ。僕がとくし丸を始めたのも同じ歳である。偶然の一致とはいえ、とても勇気をもらった。

まだ、充分大丈夫だ。遅くは、ない。川淵さんは54歳からJリーグをメジャーに育て上げたのだ。ならば、僕はとくし丸を、今から「メジャー」に育て上げようではないか。

ところで昨夜、日付が変わって飲んでたのは、本当に久しぶりだ。「寅家」での堀尾和孝ライブ。僕がやっている「150SIZE（ヒャクゴジュサイズ）」のメンバーが、偶然集合していた。バンドマスターであり、パーカション・ボーカル担当の「名麺堂」店主・泉衛、リードギター・ボーカルの斎木伸、そしてボーカル・ギターの僕（よーするに、全員が歌うのだ）。ファンキーな堀尾さんの演奏を堪能したせいか、久しぶりに「150SIZE」のバンド活動を再開しようか、という話に。

気がつけば「150SIZE」ではなく「163SIZE」になっていた（メンバーの合計年齢がバンド名になるのである。つまり合計１６３歳）。ってことは、そろそろバンドを組んで5年になろうとしているのだ。ここのところ忙しくて、１年以上休止状態であったが、そろそろリハビリ練習から始めることにするか。

酔っぱらいのタワゴトにならぬよう、「やる」のだ。

## 「売る」以外の役割も

### 11月12日

多田4号車の助手席に乗っての、販売途中。とある独り暮らしのおばあちゃんから「この郵便、出しといて」と頼まれる。合計5通の封書であった。

実はこのおばあちゃん、とくし丸が巡回し始めた当初、まったく表にも出てきてくれなかった人なのだ。耳が遠くて、足も不自由。明らかに僕たちを「ケイカイ」してるふうだったのである。

が、それから1ヶ月ほど経って、少しずつ買い物をしてくれるようになってきた。そして更に1ヶ月。今や、僕たちに大切な郵便物を「出しといて」と、気軽に依頼してくれるほどになった。ウレシイ。

とくし丸の仕事は、単に食品を「売る」だけではない。ともすればカラにとじ籠り気味のお年寄りと、こんなやり取りを果たすことができるのだ。

そして、おばあちゃんが、ここまで僕たちに気持ちを許してくれるようになったことが、何よりウレシイ。

預かった大切な郵便物は、もちろん責任を持って郵便局にお届けしておいた。

## 11月13日

久しぶりに「盛和塾」例会に参加。「利他の心」とか「世の中のために」という言葉を、ズーーット「ウサンクサク」感じていた。その答えが、何となく分かってきた気がする。

経営を通じて「世に中に貢献する」ということは、もちろん、とても大切なことである。けど、それだけでいいのか？

3・11以降、果たしてどれだけの経営者が、発言をしてきただろう。政治的、社会的発言をすることは、「経営にプラスにならない」と考える経営者がどれだけ多いことか。

でも、本当に社会のことを考えるなら、はっきりと自分の考えを発言するべきだ。経営者には、少なからず「影響力」があるのだから。

賛成、反対の問題ではなく、はっきりと自分の意見を主張できる経営者であるべきだと思う。経営は、経営。考えは、考え。

自分の意見を主張することが、経営の「損得」にならない、次世代の価値観が創られなければいけない。

若い次世代の経営者は、オヤジたちの「しょーもないバランス感覚」をぜひとも否定してやってほしい。それこそが、次世代の「ケイエイシャ」になり得るのだ。

## 11月22日

「にーちゃん、これからココでしか買わんけん、ちゃんと来てよ」。今日、メモした「一言」だ。う〜っ、何ともアリガタイお言葉、である。80過ぎの、農作業着姿の、おばあちゃんの、この「センゲン」を聞いた時には、本当に嬉しかった。

渡邊5号車が国府を走り始めて、今日で4日目。第1コースの（全3コース）、2回目の訪問先での話である。楽しそうに商品を吟味し、僕たちとの会話を楽しみ、「ありがとう」と言いながら買い物をしてくれる。

こんな素敵なショーバイって、あんまりないぞ（きっと）。思わず「また来ます」と言って助手席に乗り込んだとたん忘れてはいけないと、メモした。

国府周辺でも、間違いなくとくし丸は受け入れられることになるだろう。もちろん「カンナンシンク」は数々あれど、こんな一言が僕を「やる気」にさせてくれるのだ。

おばあちゃん、僕たちは約束どおり、ちゃんと毎週2回、お邪魔しますからね。

## 11月26日

お詫びと訂正。

「おばちゃん、耳が遠いけん、おーきい声で呼んでよ。ほーせんと、あんたら来たん分からん時があるけん」

今日、とあるおばあちゃんのお家で言われた台詞である。いや、この言葉に何も間違いはないのだ。「マチガイ」は、ソレを「オドロキ」に感じた、僕にあったのだ。

この台詞を口にしたのは、80代真ん中あたりの「おばあちゃん」、いや、モトイ。「おばちゃん」なのである。本当に、シツレイいたしました。女性は、いつまでたっても、女性なのだなぁとつくづく思う。おばあちゃんは80歳を過ぎた今でも、自分のことを「おばちゃん」と呼ぶのである。

なんか、気軽に「おばあちゃん」と口にするのは注意した方がよさそうである。

## 11月27日

税理士さんと、月次の決算報告会。毎月約50万円の赤字は、30万円まで圧縮できた。が、まだ赤字には違いない。そもそも、僕は未だに無給である。はっきり言って、事業のテイをなしてない。

残る資金は、ついに1000万円を割り込んで、約900万円。ってことは、少なくとも後30ヶ月は持ちこたえられるとゆーことである。

はてさて、この試練はいつまで続くのか。いや、「シレン」ではなく「シキン」であった。

ま、「何とかなるだろう」と思っているし、「何とかしなければならない」のである。とくし丸のブレイク・ポイントは、どこで来るのか。まだまだ、しばらくガマン、なのだ。

## 12月15日

「ケンイ」とか、「カタガキ」とかに騙されてはいけない。自民党の安倍晋三さんは、数年前に敵前逃亡した人だ。「強い国」とか何とか、勇ましいことを言ってるけど、彼はイザとなればすべてを投げ出してヘーキで逃げ出す人なのだ。

マスコミも問題だ。選挙予測をやっていいのか。「自民圧勝」だと。いい加減にしろ。そんなことを流すから、「勝ち馬に乗ろう」とする人たちが雪崩をうって、自民党を応援することになるのだ。

個人は、小さな力しか持たないかも知れないけれど、その「小さな力」が集まれば、巨大なケンリョクに対抗できる。それはレオ・レオニの絵本『スイミー』の話が言い表している。小さな魚は大海を1匹で泳げば、大きな魚にたやすく飲み込まれてしまう。しかし、集まり、有機的に繋がれば、大きな魚もたじろぐほどの巨大な魚となり、自由に力強く、泳ぐことができるのだ。小さな力が、有機的に繋がることこそが、今、求められているのだ。

ほんの数十年前、日本はケンカに負けて「ごめんなさい。好きにしてください」と無条件降伏をしたことを忘れてはいけない。暴力は、必ず暴力にひれ伏すことになる。「国」とかいう概念は、所詮、人が作り出したものに過ぎない。飛行機の上から見たら、どこにも「国境」なんて線は引かれていないことが分かる。

明日は、投票日。有権者の良識が問われる。

## 12月31日

今日、大晦日の最終営業日。基本的には皆さん、個人事業主なので、「お休みする」と言われても仕方ないかなと思っていた。が、嬉しいことに全員が「営業する」と言ってくれた。

そんなに軒数が多い訳ではないけれど、お節や注文品の依頼があって、そこに「届けたい」と、全員が思ってくれたとゆーことだ。やはり「とくし丸をやろう」と考える人は、社会貢献の意識が、とても高い人たちばかりなのである。

そんな周りの人たちに助けられて、とくし丸もこの1年をやってこれたのだ。来年は、「さらなるヒヤク」を「する」のである。とくし丸のビジネスの「カタチ」は、もうハッキリと「見えてきた」のだから。

何せうぞ、くすんで

一期は夢よ、ただ狂え

# 第2章 ― 2013年 ― 在野の雑草

## 拠点スーパーの変更

**1月1日**

熟田津《にきたつ》に　船乗りせむと　月待てば　潮もかなひぬ　今は漕ぎ出でな

船を用意し、出航の準備を進め、「その時」を待っていたら、月が出て、潮まで満ちてきた。いよいよ、満を持しての船出である。「万葉集」にある、額田王の歌だ。

ブログを書き始めたのは、２０１２年1月1日からだった。気がつけば、「ほぼ毎日」書き続けてきたことになる。とくし丸も約1年の営業をしてきたが、真の意味での出航は、今年なのかも知れない。

月も潮も、そろそろとくし丸を応援するように、いろんな条件を整えてくれている。赤字から黒字へ。まだそんなレベルではあるけれど、今年、本当に「出航」できるのではないかと考えている。

**1月18日**

正月明けからしばらく「ブログを書くのを止めていた」のには、ワケがある。年末から今日まで、とてもデリケートな事案を処理していたのだ。

「ボタンを掛け違わないよう」に、ひとつずつ、慎重に、丁寧に、そして、戦略的に。で、やっとメドが立ってきた。これをうまく乗り切ることで、とくし丸は、さらにバージョンアップするだろう。

とは言え、まだまだ「気の抜けない」状況ではある。こなすべき課題をしっかりクリアしていこう。

(※実は、この間に、提携先のスーパーであるファミリー両国が閉店することが判明し、年末年始にかけて、僕は東奔西走。個人事業主である販売パートナーさんたちを路頭に迷わすわけにはいかない。そのため、2月1日からの拠点店を、地元最大手のスーパー「キョーエイ」にシフトするため、アレヤコレヤの手を尽くしていたのだった。結果、1日休業するだけで、何とか危機を乗り越えることができた。ほぼ奇跡的、である)。

## 1月21日

トイレットペーパーやテッシュはもちろん、今日は、歯磨きのチューブ、裁縫糸の黒、なんて注文まで飛び出してきた。とくし丸は食品だけでなく、生活雑貨も運んでいるのだ。

さすがにレアな商品については乗せていないので、3日後にお届けすることになるのだけれど、それでもおばあちゃんたちは喜んでくれる。

そして、とくし丸の販売パートナーさんは、時には「郵便局の再配達伝票」の手続きをお手伝いすることだってある。再配達の申請って、電話の「自動音声案内」に従って手続きするのだが、そのおばあちゃんは耳がそーとー遠くて、とても自分じゃできない。で、彼女に頼まれて、電話で手続き代行したという。

他にも、お財布をそのまま渡されて精算を完全に任されたり、郵便ポストまで郵便物を頼まれたりと、いろんなヨーボーに応えている。何とも「ホホエマしい話」である。

このシゴトは、ほんとに、いい。

## 1月25日

「メール、30%」。どっかで読んだ本に書いてあった、情報の伝達力の話である。で、ココからは僕の、勝手な付け足し。

「メール」より、手書きの「手紙」。文字に表情が生まれるから。「手紙」より、「電話」。声の抑揚が加わるから。「電話」より、「対面」。顔の表情が読み取れるから。

でも、直接会って話をしても、それでも１００％の情報は伝わらない、伝えきれないものである。それほど「情報」を伝えることは「ムズカシイ」ものなのだ。

週に2回、おばあちゃんたちに会い、話をし、商品を買ってもらう僕たちのシゴトは、積み重ねれば積み重ねるほど、お互いの情報が蓄積されていく。もしかすると、実の息子や娘より、僕たちの方が会う回数も、話をする時間も多いかも知れない。

100％は、ドダイ無理だとしても、それでも「近づける」ソンザイになりたいと思う。

株式会社とくし丸を設立して、はや1年。とくし丸が走り出して11ヶ月。課題山積みではあるけれど、2月から、また新たな道を進むことになる。

## 2月3日

今まで搭載商品は、約300点なんてテキトーなこと言っていたけど、1年経って、気がつけば、なんと約800点もの商品を積み込むようになっていた。これは、今月から拠点店をスーパー・キョーエイに変更することになり、ポスレジを通し単品管理をするようになったおかげで分かったことだ。スゲッ〜！

オドロキの商品点数である。僕たちは毎日、800点もの商品をとくし丸に積み込み、1軒1軒のお宅を訪問しているのだ。だから、ほら、何でもあるぞ。昨日からは、衣料品も販売し始めたのである。2週間クールで商品を入れ替えるため、今回は「暖ったか靴下」を集中販売。食品だけでなく、可能な限りの要望にお応えする「とくし丸」を目指す。

## 2月4日

課題山積み。だから、モエル。新しい仕組みに変わって、今日で2日目。販売パートナーの皆さんは、もうテンヤワンヤ。とにかく時間がかかり過ぎる。どうにかしなければ。

業務終了後、スタッフ数人と課題を抽出し、改善策を協議する。で、明日はソレを元に、商品供給元スーパー・キョーエイの埴渕一夫社長と交渉予定。

すんなり行くなんて思っていなかったが、それにしても改善しなければいけない点がたくさんある。焦らず、狼狽えず、投げ出さず。根気よく、冷静に、スピーディに、そして賢く。この数週間のうちに、僕たちの仕組みを作り上げるのだ。

## 2月6日

いろんな町を歩き続けていると、気づくことがある。それぞれの町に、ソレゾレの顔つきがあるのだ。そして、そこに暮らす人たちの共通点を見つけることができる。ちょっとした会話に、対応に、家の雰囲気に、庭の造りに。最近では、とくし丸が必要とされているかどーか、ということさえ、何となく分かってしまうのだ。

今日は、ヴィジュアルも性格も男前という中道竜也さんが担当する6号車のコースを完成させるため、小松島市をひたすら歩く。明るく開放的な人たちに出会い、「ほな、うちにも来てくれるで」というウレシイ返事をたくさんいただいた。あと数日、小松島市を集中的に歩く。

## 2月13日

今日で11日目、だったか。とにかく今回も、よく歩いた。が、おかげで中道6号車の3コースが、ついに完成したのである。阿南市と小松島市の一部を3ブロックに分けて、いよいよ3月上旬からスタートだ。

それでもとくし丸1台でカバーできるのは、ほんの数百世帯に過ぎない。開業から丸1年。ここまででやっと6台、である。150〜200世帯×6台＝900〜1200世帯。まだまだ、少ない。もっと、歩かねば。

そして、歩けば歩くほど、カバーする世帯数が増え、とくし丸のネットワークは広がっていく。コレはまさにSNS、リアル版のソーシャルネットワークシステムなのだ。この仕組みが広がれば、間違いなく食品だけに止まらない、新たなビジネスに成長するはずだ。

そう考えると、「歩く」ことは、とても「楽しい」シゴトになってくる。たぶん、きっと、もしかしたら、「ムクワレル日」が来るかも知れない。

## 2月14日

起床時間がだんだん早くなってくる。いや、別に年齢だけのせいではない。必要に迫られて、起き出しているのだ。そのおかげで、就寝時間も自然と早まってきている。今では、夜10時過ぎには、だいたいベッドの中である。

そして、眠りにつく前のお楽しみは、藤沢周平。片っ端から買い込んで、枕元に積み上げて、手当り次第に読み進む。が、それも昨夜で途切れた。買い込んでいた文庫本をすべて読み尽くしてしまったのである。買い足しに、行かなければ。

もちろん、他の作家の小説も少しは積み上げている。けど、疲れたココロとカラダには、藤沢周平が「合う」のだ。特に「市井の人々」が、いい。ダメで、バカで、どーしよーもない登場人物が、それでも一生懸命生きていく。時代は変わっても、「ニンゲン」はほとんど変わっていないのだ。

「在野の雑草」で、居続けよう。

## 補助金の功罪

**2月15日**

香川県高松市にある四国経済産業局に、とくし丸の現状を伝えるため訪問。2月1日に出た「買い物難民対策費用10億円」の補助金制度を「使いたいけど、使えない」状況を説明。

というのも、補助金を使うためには手続きがあまりにも煩雑で、書類を揃えるだけでも、とても素人には太刀打ちできないレベルなのだ。そもそも募集期間も短か過ぎる。そんな短期間に、手間暇・労力・知識を、個人事業主として準備できる人が、いったいどれだけ存在するのだろう。結果、アザトイ業者ばっかりに、せっかくの補助金が食い物にされることになりはしないか。そうならないためにも、もっとゲンバのことを知ってもらおうと考えての行動である。

これからますます社会問題化するであろう「買い物に困る人たち」にどう対応すればいいのか。その答えのひとつにとくし丸がなるのではないか、との思いからだ。

「移動スーパー」という販売形態が、セケンのスタンダードになる日が、必ず来ると信じている。数十年前に出てきた「コンビニ」が、今まさに世の中の当たり前になっているように、「移動スーパー」もジョーシキになる時代が来るはずだ。

間違っているだろうか？　大いなるカンチガイだろうか？　ソレを証明するのは、「時代のみ」である。

## 【2月18日】

カイゼンカツドー、である。システムの変更に伴い、朝の積み込みに3時間ほどかかっていた。この2週間で、30分くらい縮まっただろうか。でも、さらに30分以上、いやできることなら1時間以上削減しなければいけない。

10分短縮できるアイデアをひとつ以上。5分短くする方法を3つ以上。1分削減できるやり方を10個以上。全部実現すれば35分以上は縮めることができるはずだ。まさに「カイゼン」、である。

「困った」時に、どー対処するか。どんなアイデアを捻り出すか。工夫の連続が、ツヨサに、ツナガル。

## 【2月19日】

野菜だけじゃなく、魚も一緒に買えたら便利。ついでに、雑貨も。そうそう、お惣菜にお寿司、お豆腐もあったら助かるわ。

って、ことで、気がついたらスーパーマーケットができていた。おかげで、近所の、八百屋さん、魚屋さん、雑貨店がなくなり、惣菜屋さんも豆腐屋さんもなくなっていた。が、人のヨクボウは限りなく、小さなスーパーでは「物足りない」と言い出す。もっとたくさんの品揃えじゃないと満足できない。てなことになる。そしたら、どーだ。車でしか行けない郊外に、バカデカイ「ショッピングセンター」なるものが出現。結果、近くにあったスーパーが閉店し、町はますます使いにくい環境になってしまった。車を自由に操れる人には便利かも知れない。けど、そーじゃない人たちにとっては、こんな不便な町はない。

と、すると、今度は、コンパクトに商品をまとめた「コンビニ」の登場だ。切手も売ってるし、コピーも取れる。最近じゃ一部とはいえ、生鮮食品まで販売してる。まさに、コンビニエンス。

さて、その次に、人が求めるものは何だろう?

近頃、骨のない魚が商品化されている。「子供が食べやすいから」ということらしい。が、果たしてソレでいいのか?

人はいったいどこまで「ワガママ」になっていくのだろう。そして、企業は、ソレに応えていこうとするのだろう?

結局、「ヒトのヨクボウ」が、社会を創り出していくのである。もちろんとくし丸も、そのひとつ、なのかも知れない。

## 3月8日

ショーバイは、奥が、深い。というか、まだまだ分からないことだらけだ。3日間、7万円以上を続けていた松原1号車が、今日、なんと、4万円台。逆に、やっと2巡目に入ったばかりの中道6号車が、早くも6万円台をタッセイ。

こんなことが、起こるんだ。その原因と理由が、まったく見当たらない。ナゼ、だ？ ちょっとした、いろんなコトが重なり合って、偶然と必然がない交ぜになって、そしてこーゆー日になったのだろうけど。けど、やっぱり、納得できない。

ま、でも、答えはすぐに見つからないのだろう。しばらくは、とにかく、やるしかないのだ。

## 3月11日

中道6号車がスタートして、今日でやっと2週間目。なのに。早くも7号車候補者と、面談。もちろん決まったわけではないのだけれど、決まる人は、初回で何となく分かるものなのだ。今日の人は、そんなヨカンがするのである。しかも、今日初めて話をして、さっそく明日、とくし丸に試乗してもらうことになった。まずは、ゲンバを体験してもらうことが、最も近道なのである。

さて、その反応や、いかに？

きっと、たぶん、おそらく、できれば、許されるなら、お願いだから、決まってくれると、僕は、とてもウレシかったりするのである。

どれだけ複雑に絡み合った問題も、じっくり、ゆっくり、根気よく挑めば、必ず解答は、見えてくる。

## 3月19日

来週、徳島健康科学総合センターというところで、シニア向けの講演を行う。テーマは、「第二創業」である。

創業とは、辛く、苦しく、堪え難く、そして、とても楽しい、ものなのである。と、ゆーよーな話をしてこようと思う。

でも、な。まだ赤字なわけだし、未だ吐きそうになるよーな状況に追い込まれることもある、この現状を考えると、あまり人様に聴いていただける内容にはならない気もするが。

しかし、な。それこそがソーギョーと言えるのかも知れない、か。

とにかく、今の僕のやっていることは、「シニア創業」なのだ、そーだ。「シニア」なのである。自分では、そんなこと考えたこともなかったけれど、「シニア」なのだ。ドヒャ〜。

## 3月26日

何が原因か未だ分からないのだけれど、松原君の乗っているとくし丸1号車の電源が落ちて、「レジが使えなくなった」との連絡が入る。幸い、冷蔵庫だけは動いていたので、急遽「手計算」での販売に切り替えてもらったのだが……。

いや〜、松原君は今日1日、とても大変だったに違いない。でも、売上はちゃんと6万円オーバーしてた。エライ。

で、中道6号車は、朝から32食分の、お惣菜+ちらし寿司セットの注文があって、テンヤワンヤ。こんな僕ではあるけれど、せめて何かのお役に立てばと思い、お惣菜の盛りつけをお手伝いさせていただいた。ちゃんと透明手袋を付けて。

これでも、LAに住んでいた頃、日本食のレストランでコックのバイトをしていたこともあるので、ある。少しは、できる。

そして、日中は、ひとりで那賀川町を、歩く。ただ、ひたすら、歩く。歩けば必ず、お客さんに出会う。「ジミチ」ではあるが、歩くのは、とても楽しい。

## 3月27日

仕事が終わって、UFOテーブルシネマでやってる「地球、最後の男」を観に行こうと足を運んだら、上映時間を間違ってて、すでに30分以上が過ぎていた。仕方なく一杯飲み屋で日本酒をいただき、その後「寅家」へ。お店でかかっていた、西岡恭蔵さんと大塚まさじさんの「プカプカ」を久々に聴いて泣きそーになる。恭蔵さんのオソーシキのコトを思い出し、感無量。

確か、寅ちゃんからの電話を受けて、あまりのショックに朝まで飲み続け、乗るはずだった飛行機に乗り遅れ、1便遅れで埼玉の葬儀場まで駆けつけたことを、今でも思い出す。亡くなる1週間前に、恭蔵さんと「寅家」で飲んだことが、ウソのようだ。もう十数年前の出来事である。

今日は、織原3号車が、8万円近い売上をたたき出し、最高新記録。キブン、ヨシ。

## おばあちゃんのコンシェルジュ

【4月11日】

とあるお宅に伺う途中、農作業してたおばあちゃんがとくし丸の曲を聞きつけ、こちらに向かって手を振ってきた。誰かと思えば、今まさにコレから訪問するお家のおばあちゃんである。

自分の家を指差して「先に、家に行っておけ」というゼスチャア。その指示どおり、僕たちは先回りしてお家に向かい、庭にトラックを停車させ、ドアを開けて開店準備。おばあちゃんが居た畑からは、結構距離が離れていたので「こりゃ、だいぶ待たされるな」と覚悟を決めていたのだが。

なんと、おばあちゃんは、モーダッシュで帰って来てくれた。息をはずませ、汗を拭きながら、「ありがと〜」と言ってくれた。「もう、アンタらが来てくれるんが楽しみなんよぉ」。ちなみに、おばあちゃんの腰は、そーとー曲がっている。

なんか、もう、「ウルウル」しそうになった。「なんていいシゴト、なのだ〜」と、天に向かって叫びたいほどの勢いである。

コレでしばらく、僕はキゲン良く、シゴトに打ち込める。

## 4月16日

ゴカイを、解いておかねばならない。「アカジで、タイヘン」と言い続けているけど、ソレはあくまで「株式会社とくし丸」のことであって、「販売パートナー」と呼んでいる個人事業主の人たちは、決して赤字ではないのである。

なぜ僕が日販《にっぱん》6万円以上にこだわってきたかとゆーと、個人事業主である販売パートナーさんたちの収入を確保するためなのだ。売上の17％＋αの手数料が入る販売パートナーさんは、日販6万円以上になると、月額30万円弱の収入になる。その中から、ガソリン料、保険料、そして軽トラック購入費の償却を差し引くと、約20万円ほどが手元に残る計算になる。「何とか20万円以上の収入を確保したい」。それが絶対に達成しなければいけない目標だった。もちろん、日販7万円、8万円を目指すことで、収入を増やすことになる。

そうなれば、販売パートナー希望者が次々と現れてくれるはずだ。そして「株式会社とくし丸」は、台数が増えることで赤字からダッキャクし、運営継続のメドが立つようになるのだ。

ちなみに今日、織原3号車の売上は、8万3710円だった。

## 4月30日

月1回の、棚卸し、である。全商品をトラックから降ろして、総数と賞味期限をチェック。僕は、キョーエイ・ルピア店の多田4号車に立ち会った。

そして判明したのは、1台のとくし丸に、約20万円分の商品が搭載されているということだ。1年前は、約10万円と予測していたのに、明らかに積み込み密度がアップしてきている。本当に隙間なく、ビッシリと商品が積み込まれているのだ。

おばあちゃんたちのヨーボーに応えていたら、いつの間にか商品点数が増えてきたということなのだろう。

で、販売パートナーさんのひとりが今日、訪問したおばあちゃん家で、電球を取り替えてあげたそうだ。ついに、そこまでいきましたか。いよいよ、そんなお願いをされるまでになりましたか。で、ある。

いやいや、やりますよ、僕たちは。とくし丸は、単に食品を売っているだけではないのだ。電球の取り替えまでやってしまうのだ（もちろん、ムリョーサービスである）。

僕たちは「おばあちゃんたちのコンシェルジュ」を目指すのだ。

## 5月6日

気がつけば、5月に入って初のカキコミである。別に連休中ずっと、遊んでいたわけではない。基本、休みは日曜日だけだった。が、3日、4日と、佐高信さんが講演のため徳島に来ていたもんだから、ずーーっとお相手をしてたのである。

佐高さんに会うのは、多分2年ぶりくらいだろうか。夜は、予想外のカラオケにまで行って、まさかの「佐高信、歌う」を体験。そして翌日には吉野川第十堰に行き、鮎の遡上を観察。

久しぶりに、たっぷり佐高さんと話ができて、面白かった。時、あたかも、96条、9条が問題になっているだけに、貴重な話をたくさん聞かせてもらった。

さらに、僕がずっと読み続けていた月刊誌「噂の眞相」の編集長・岡留安則さんの携帯番号まで教えてもらった。是非一度、直接会って話をしてみたいと思っているひとりである。今は沖縄でバーをやってるらしい。近いうちに、沖縄→岡留さん→酒、というプランを立てることにしよう。

## 5月7日

メメント・モリ。

肚を据えて、シゴトに臨もう。今できることは、今しかできない。「何のために生きるのか？」などと、答えのないことに悩んでもショーがない。

生きているから、生きるのだ。そして、メメント・モリ。死を、想え。

## 5月11日

覚悟はしていたけれど、やっぱり、ツライ。9日、昔からの友人が息を引き取った。同い年だった。昨日が通夜で、今日が葬式。

彼は、密かにブログを書いていたそうで、そのことをこのたび初めて知った。そのブログ記事の抜粋が、通夜に配られていた。

そのなかの1つのタイトルが「メメント・モリ」だった。奇しくも、数日前に僕もブログに書いている。余りと言えば、余りにも偶然過ぎる。彼も、藤原新也さんの『メメント・モリ』

を読んでいたのだろうか。

僕の名前の中央2文字を抜き出すと「友達」となる。漢文的に言うなら、「友達が住む也」である。歳を重ねれば重ねるほど、「友達」の大切さを思い知る。

せっかくだから、ヤツの分まで、生きよう。

## 赤字解消か？

**5月15日**

ほぼ、全車7万円。

5月に入って、気候も良くなって、何となく気分も開放的になって、ついついお客さんの財布のヒモも緩むのだろうか？　いや、単に、食欲が増してきているのかも知れない。

とにかく、とくし丸の売上がコーチョーなのだ。昨日も良かったし、今日など、ほぼ全車が7万円台という売上だった。ま、しかし、「好事魔多し」とも言うではないか。ここはひとつ気分を引き締めて、浮かれず、驕らず、調子に乗らず、マジメにコツコツ歩みを進めて行くことにしよう。

この分だと、今月は赤字が消えるだろう。もちろん、僕の報酬はゼロの上での話だが。何はともあれ、収支はトントンまでになってきた。が、1000万円の借り入れ返済があるから、その分の返済額、約20万円弱がキャッシュフローとしてマイナスになる。

まだまだ「キビシイゲンジツ」は続くのだ。

## 5月17日

あの「噂の眞相」の編集長・岡留安則さんに、電話。この前、佐高信さんが「気軽に」教えてくれたケータイにオソルオソル電話してみたのだ。

考えてみれば、僕がいちばん長く定期購読していた雑誌が「噂の眞相」だった。そして、たぶん、僕が創りたかった雑誌に、もっとも近い雑誌でもあった。

残念ながら、僕が「あわわ」をリタイアした頃に、時を同じくして「ウワシン」も休刊してしまったのだ。

そして今、岡留さんは、沖縄でバーをやっているらしい。佐高さんからも、ちゃんと連絡が行っていたみたいで、岡留さんは快く対応してくれた。で、思わず僕は「飲みに行きます」と、叫んでいた。

さてこうなれば、本当に近々お休みをいただいて、沖縄に行かねばなるまい。

## 5月21日

昨日は中道6号車の助手席に乗って、阿南コースを走る。途中、田んぼに自転車と共に転落したおじいちゃんに遭遇。身動きが取れない状態を、どうにか引っ張り出したものの、すでに力尽きた様子で、どーしたものか思案。

そこへ通りかかった郵便配達のオニーさんに自宅への連絡をお願いしたものの、家族の方はお留守だという。

仕方なく119番に電話。救急車に来ていただき、おじいちゃんを運んでもらった。高齢者の自転車は、とてもキケンであることを改めて認識。

そして今日。福岡でスーパーを経営する方がとくし丸を視察。さらに昨日、今日と、とくし丸に試乗してくれていた販売パートナー希望者の方が、7号車としてスタートしてくれることを意思決定。

待ちに待った7号車が、2ヶ月後にはスタートすることになる。これも昨日の「人助け」へのゴホウビかも知れない。

創業は、ある時期から、突然、成長曲線に乗っかるのである。そろそろ「その時」が近づいているのかも知れない、と思っていたら、さらにゴホウビ、続く。

昨日の7号車決定だけでも、充分嬉しかったのに。今日は、なんと、まさかの、驚きの、信じられない、「全車7万円オーバー」という結果だった。しかも、うち1台は8万円オーバー。開業から1年3ヶ月。コツコツ続けていれば、こんな日も来るのだなぁ～と、シミジミ。ヨッシャァ～、さらに、地道に、驕らず、焦らず、急がず、ナマケズ、町を歩こう。今はただ、ひたすら、ガンバル。

## 5月23日

あれだけ調子が良かった売上が、今日は一転、伸び悩む。暑過ぎたせいかも知れない。けど、まー、ほんとーに、ショーバイは難しいものである。まさに、「商い＝飽きない」であるなぁ。で、今日は、7号車となる江口和仁さん（56歳）と、正式な契約を結ぶために面談。契約書類を元に、販売パートナー（江口さん本人）、キョーエイ（提携スーパー）、とくし丸、の三者それぞれの役割と責任について説明。

あくまで三者は、それぞれが自主独立した存在であり、もたれ合うことなく、しかし協力関係を強く持ち、お互いが支え合って、この「移動スーパー」という業態を運営していくのである。だからこそ、「販売パートナー」というネーミングにしたのだ。

明日は、とくし丸と提携したいという、大阪のコンサル会社を訪問。さて、どんな話になるか未知数ではあるけれど、ま、とにかく、行ってこよう。

また何か、イイコトがあるかも知れない。

## 5月27日

身体感覚。あるいは、身の丈サイズ。どんなに技術が進んでも、どれだけ便利になったとしても、ニンゲン本来の「機能」は、そー大して変わるものじゃない。

毎日、起きて、食べて、排泄して、シゴトして、また食べて、そして寝る。

「起きて半畳、寝て一畳」

どんな金持ちでも、どれだけエライヤツでも、肉体的には、所詮、これだけのスペースまでしか及ばない。

身体感覚を超えて、制御不能になってしまった原発は、もはや誰にも手がつけられない。ネズミ1匹で大騒ぎなのだから、コレから先何十年も、どーやっていくつもりなのか？　そもそも毎日増え続ける「汚染水」はどー処理するのか？　すでに、身の丈サイズを超えている。

やるべきこと。

やれること。

やってはいけないこと。

原発は、明らかに「やってはいけないこと」なのだ。

## 5月30日

数日前は、福岡のスーパー経営者が。今日は、岡山からカフェ経営者が。それぞれ「移動スーパーを始めるので、見せてほしい」との申し入れである。そして、どちらも経産省の「ホジョキン」を受けてやるらしい。

確かに僕も、この事業を始めるに当たり、ホジョキンをもらえないものかと、アチコチ回ったことがある(あ〜、ハズカシイ)。

結果、もらえなかったし、もらわなくて良かったと思っている(決して強がりではない)。そもそも、ホジョキンを「もらおう」というソノ心根が、何やらちょっとセコイ気がしてならない。

ホジョキンでジャブジャブにされた人たちは、結果、行政や自治体、国に対して、もの申すことのできない人たちに「飼いならされて」しまうことになる。そして、とても「いい人」になるのである。ただし、枕詞に「都合の」が付くのだけれど。よーするに、ソレは、権力にとって「都合の、いい人」なのである。

いつまでも「都合の悪い人」でいようと思う。

ただし、あくまで「シタタカ」に。権力は、「利用はする」が、決して「利用はされない」でいようと思う。

買い物難民対策に10億円もの予算をばらまくくらいなら、ソフト面でのサポートを強化すべきだ。ゲンキンで、どーにかしよーなんて考えは、もうそろそろ止めてくれ。

なぜホジョキンが、人をダメにするのか？

ホジョキンだろうが何だろうが、お金は、お金。同じお金なんだから、そんなに固いこと言わずに。と、ゆー人もいるだろう。

そう。シタタカに生きるためには、そういう考えもあるだろう。が、ホジョキンだけは、やはりマズイと感じるのだ。

今僕は、１円の経費もムダにしたくないと思っている。経営は「入ってくるものより、出て行くものを少なくする」とゆーのが基本である。売上を上げて、経費を少なくすることによって、黒字に転換していくのだ。

とくし丸も、先月からやっと赤字を抜け出した（ヒツコイよーだが、僕は無給だけど）。そのために、とても慎重に経費を使い続けてきた。ソレはとても当たり前のはずなのに、その「当たり前」の感覚を、ホジョキンが「狂わせる」のだ。

身銭を切ってやるケイエイと、ホジョキンを注入したケイエイでは、おのずと「経営感覚」が違ってくるのではないだろうか。自らの足で立ち、自らの稼ぎで資金を循環させ、そして黒字へと導いていく。ソレが、重要なのだ。ホジョキンが尽きた途端、赤字に転落してしまうなんてことでは、とても経営とは言えない。

まるで麻薬患者のように、「ホジョキンを追いかける」人もいるようだけど、結果として、そんな経営は、自分自身の足腰を弱くするだけだ。

筋肉質な、だけどしなやかな、会社を創りたい。

（もちろん、補助金が必要かつ有用な分野があることを認めた上での発言である。念のため）

## 徒歩圏マーケット

**【6月4日】**


「徒歩圏マーケット」とゆーのが、ある。お店を起点に、半径300メートル圏内を、そう呼ぶらしい。まさに「歩いて行ける範囲の市場」ということだ。

で、とくし丸は、地域で営業している個人商店の、半径300メートル圏内には市場調査に入らないことにしている。そのエリアのお客さんには、ぜひ既存店を利用してもらいたいと思うからだ。

僕たちが販売に入ることでそのお店の売上が落ちて、よもや閉店なんてことになると、何のために「買い物難民対策」をやっているか分からなくなってしまう。

もちろん、「それでも来てほしい」という声があれば、例外的にお邪魔することには、している。今日、7月22日からスタートする予定の、江口7号車の下準備として、応神、川内、北島をグルリと回ってきた。既存店の存在確認も兼ねてである。すると、意外とたくさん、地域でガンバっているお店が存在するのだ。

そのお店の営業を邪魔しないよう、江口7号車のコース作りをしようと思う。応神、川内、北島の皆さん、とくし丸が自宅前まで伺います。お楽しみに。

## 6月7日

昨日は、某大手へとくし丸の事業プランを売り込むため、大阪のとある企画会社で作戦会議。ついでに、友人である西成区長の臣永正廣さんのところへあいさつに。

そしたら思いもかけず「西成を案内しよう」ということで、区内を巡回することに。しかも、その手段は、自転車。さすが、臣永区長である。ディープな西成の隅々まで見せてもらった。

そして今日は、松原1号車の助手席に乗って、佐古周辺を巡る。このとくし丸の仕組みが、大阪でも実現することができたなら。いや大阪と言わず、日本全国で、ぜひとも走らせたいものである。「買い物難民」は、どこの町にも存在する。「大店法」が生み出した、負の産物なのだから。

それをカバーするのは、たぶんギョーセーではなく、民間の力なのだ。

## 6月9日

久しぶりに「魅力的だ！」と思う人に出逢った。昨日の「徳島ニュービジネス協議会」の総会に、記念講演として招かれていた、ニュービジネス協議会の初代理事長を務めた野田一夫さん、86歳。

野田さんに関して、恥ずかしながら僕は「情報ゼロ」であったにもかかわらず、その講演内容に一発でヤラレタ。ほぼ全面的に、共感した。

こんなことはメッタにないことだ。数年前、Jリーグの川淵キャプテンに逢った時、以来だ。川淵さんにも、野田さんにも共通するのは「権威的でない」ということと「反骨心を持っている」というところではないだろうか。2人とも僕の父親くらいの年齢だけれど、「ぜひお友達になりたい」と強く思うのだ（シツレイではあるけれど）。

講演後の懇親会で野田さんと話をしていて「よもや」と思い、「もしかして、経済評論家の佐高信さんをご存知ですか？」とふってみたら、「よく知ってるよ。友人ですよ」というお返事。やはり。話す内容からして、佐高さんとの共通点を感じ取る。で、その場から佐高さんのケータイに電話を入れようということになり、電話してみたのだけれど、残念ながら、留守電。

今度、トーキョーに行った時、「ぜひ佐高さんと3人で飲みましょう」とお願いしておいた。

魅力的な人との出逢いは、僕をとてもコーフンさせる。

## 6月10日

徳島県庁で、知事の飯泉さんと「見守り協定」なるものの調印式を行う。とくし丸がお伺いしているお宅は、ほとんどが高齢者の方々だ。なかには目や耳が不自由な人、足の悪い人などもいる。そして、その何割かは独り暮らしだったりする。

そんな人たちのお家に、週に2回訪問するとくし丸の販売パートナーは、まさに徳島県が求める「見守り役」にぴったりと言えるのだ。

しかも、ただ訪問するだけじゃない。僕たちは「会話」をするのだ。それこそ、おばあちゃんの体調がどうなのか、といったことまで把握できる立場にいる。

徳島県とオフィシャルな締結を交わすことによって、とくし丸への信頼感も高まるに違いない。もちろんソレは「名目」だけに終わらせることなく、「実質」としての役割を果たしていくつもりである。

おばあちゃんたち、僕たちは、しっかり「見守って」いくからね。

# 顧客の創造

## 6月12日

今日の日差しは、キツかった。体感温度も、軽く30度は超えていただろう。滴り落ちる汗をフキフキ、丸1日、北島町を歩く。ただひたすら、歩く。

7月22日からスタートする、江口7号車のコース作りがいよいよ始まった。まるで「シュギョーソー」のような行為である。

ドラッカーさんが言っていた。「企業活動の目的は、顧客の創造である」と。まさに「とくし丸」のやっていることは、「顧客の創造」なのだなぁと、つくづく思う。

まだまだ移動スーパーという業態は、社会に認知されていない。それを根付かせ、定着させ、購買パターンのスタンダードに育て上げなければいけない。

ほんの10年前、ネット販売が、ここまで定着すると考えた人が何人いただろう。たぶん、ソレを予測し、チャレンジし、社会に根付かせた数人の起業家が、今の状況を創り出してきたのだ。新しい業態を創り出すには、手間ひま労力、そして揺るぎない「確信」を持ち続けていなければ、決してできない。時には吐きそうになるほどのフアンとコワサと戦うことにもなる。

5年後のスガタをイメージしながら、「歩く」から「歩ける」のだ。

## 6月14日

♪生きてるうちが花なんだぜ♪

少し前、「寅家」に来てた桑名晴子ちゃんに、サインをもらった。お兄ちゃんである桑名正博さんの最後のCD「BOOTLEG」に書いてもらったのだ。最近、ずっとこのCDを聴いている。

そして、その最初の曲が「生きてるうちが花なんだぜ」なんだぜ。なんか、グッとくるのだよなぁ。やっぱし、桑名正博、カッコイイ。

今日も1日、応神地区を歩きながら、この曲がアタマの中をリフレインし続ける。生きてるうちが、花なんだぜ、と。

## 6月19日

創業当初から追いかけてくれていた、四国放送のカメラ。その取材が、ついに30分のドキュメンタリー番組となって放送されることになった。タイトルは「JRTスペシャル・買い物弱者を救え！～移動スーパーとくし丸」。

とくし丸の、ゲキドーの、創業ドタバタ、シクハックが、たぶん、見られる、はず。

## 6月23日

とか何とか言いながら、「JRTスペシャル」を見たのは、ついさっき、録画で、である。実は昨日の夜、沖縄の国際通り近くにある「瓦家別館」で、岡留安則さんと飲んでいた。そう、僕が憧れるあの「噂の眞相」の編集長であり、発行人である、オカドメさんである。佐高信さんに紹介されて、「これは行かねば」と、本当に行ってしまったのだ。でも、行って良かった。泡盛で酔っぱらいながらも、「ぜひ、ウェブ版噂の眞相をやりましょう」とお願いしておいた。ついでに「その時は、僕が徳島支局長をやります」と宣言してきた。

さて、四国放送。

とくし丸の1年以上にわたる軌跡をとても上手にまとめてくれていた。放送は30分だったけど、その数十倍、いや数百倍の取材映像があったはずだ。編集は、本当に大変だったろうと予想できる。

見逃した人は、また再放送もあると思うので、ぜひその時こそ。で、見た人は、どーでした？

## 6月24日

6月23日は、「慰霊の日」なのであった。恥ずかしながら、それを知らずにたまたま、その日に沖縄に居たのだ。

帰ってきて、昨日、今日の朝日新聞と、沖縄の新聞とを見比べてみると、その中身の違いに驚かされた。

僕たちは、いや、少なくとも僕は、沖縄のことをあまりにも「知らなさ過ぎる」と改めて思い知る。

この報道の、温度差は、そのままウチナンチューとヤマトンチューの「意識の差」なのである。福島しかり、そして、沖縄も。知らないままでいるということは、とても「失礼なままでいる」ということになりかねない。

福島のことも、沖縄のことも、常に知ろうと、少なくとも意識しようと思う。

## 7月8日

7万、8万、当たり前、のよーに売上数字が伸びて来ている。TVのおかげなのか、季節的な事情なのか、販売パートナーさんたちの頑張りか、日々の「歩き」の効果か。はたまた、タマタマなのか。

たぶん、いろんな要因が複雑に絡み合って、薄皮を一枚一枚重ねるように、実績が積み上がっていくのだろう。ソレは、とても地道でゆっくりしか上乗せされないのだけれど、やればやるだけ確実に重ねられていく。

とにかく、動こう。考えられる、あらゆる手段を講じよう。結果は、必ず付いて来てくれるだろうから。

## 7月10日

女性販売パートナー出現、か？

今日、8号車希望者が、松原1号車の助手席に乗って、初研修。しかも、初のジョセイ。この暑い中、果たして彼女は何を感じ、どう考えたのか？

もちろんすぐに答えを出す必要はないけれど、その「姿勢」は、間違いなく「前向き」だった。

さて、とくし丸初となる、女性販売パートナーの誕生となるかどーか？ ちなみに、元気な31歳、である。

## 7月30日

昨夜、キョーエイに講師で来ていた水元均さんという方にお会いした。で、さっそくその方のブログでとくし丸を紹介してくれている。スーパー業界では、とても有名な方らしく、その影響力は相当ある。

食事とお酒を交えての、ほんの数時間の会話の中で、しっかりとくし丸のビジネスモデルを理解していただけたようだ。

さて、地域スーパー経営者の方々に、僕たちのとくし丸がどー受け取られ、どんな展開になっていくのか？　ソレはソレで、楽しみである。

## 【8月9日】

経営相談所、弁護士、税理士、発明協会。いろんなトコの、様々な人に訊いてみた。

結果、日本の法律は、ビジネス・モデルを保護してくれない。とゆーことが分かった。

ただのアイデア、組み合わせだけでは、知的財産の対象にならないのだ。マネをしようと思えば、いくらでも抜け道は存在する。だから、いろんな業界で、似たようなビジネス・モデルが、見間違うようなブランド名で競合してたりする。

ま、仕方あるまい。現在のルールの中で、どこまで存在感を維持し続けることができるか。本当の意味での「チカラ」が試されるのだ。

誰にもマネできない、独自のノウハウを確立するしかないのである。まだまだ工夫が必要だ。

## 【8月16日】

「若い僕達は、いつも何かを叫んではいるのだが、それは、いつも言葉にならない」

今日、僕の母校である阿南高専の、久しぶりの同窓会。11期生の土木、電気、機械、3工学科合同である。で、参加したひとりが、なんと、当時僕が作った同人誌を持って来てくれた。たぶん、18歳くらいの時に作った冊子だ。その表紙に書かれた言葉が、冒頭のものである。イラストも、僕が描いた。
「若い」とゆーことは、とても青臭く、恥ずかしく、鬱屈し、悶々としている。そして、有り余るエネルギーに満ち溢れていたのだなぁと、シミジミ。今はただの酔っぱらいなので、明日ゆっくり読み返してみよう。

で、今日の昼間、もうひとつ衝撃的なデキゴトがあった。切れ切れの声で「水道水だけで、4日間何も食べてない。何か食べるものを自宅まで販売に来てほしい」という電話が入った。その異常さを察知し、急遽、お弁当、パン、カップラーメンをコンビニで購入し、そのおじいさんの自宅に急行した。おじいさんのお家は、残念ながら今日の販売コースからは外れていたためだ。

ほとんど歩けない状態のおじいさんに食べ物を届け、地域包括センターと、見守り協定を交わしている県に連絡を入れた。

とりあえずの急場は凌げるだろうが、今後がとても心配だ。来週、このコースを回る時には、もちろん様子を見に行こうと思うが、何かが大きく間違っている。

複雑化、高度化した現代社会で、取り残されたようにひっそり暮らすお年寄りたち。見過ごされ、見放され、それでもひとりで生きている。こんな社会でいいのだろうか？

言葉にならない「やるせなさ」が、ココロの中に充満してくる。40年前に書いた表紙の言葉が、長い歳月を巡って甦ってくる。

## 先人たちの成功を力に

**8月27日**

「確信」は持っているけれど、それは「確実」ではない。買い物難民対象者が向こう10年以上、増え続けることは間違いないけど、ソレが「成功」に直結するかどーかの保証は、どこにもない。なのに、時間が経てば経つほど、いろんな人を巻き込んでいくことになる。とくし丸の将来性、成長性に「カケテ」個人事業主になってくれた方々。また県外展開にチカラを貸してくれようとする人たち。生き残りへの期待感を持って、興味を示してくれるたくさんのスーパー経営者。

キョーエイの埴渕社長にも言われた。「住友さんのようなことをやる人は、ある意味、詐欺師的なとこがないとできませんよ」。

本当に、そのとーり、だ。

ワープロが出始めた時の、ジャストシステムの浮川さん。ヤフーの孫さん。そして楽天の三木谷さん。彼らの成功を、誰が「確実」と考えただろう。もちろん、彼らの中には「確信」があったに違いない。

が、セケンは、失敗すると「詐欺師」とノノシリ、成功すると「創業者」とモテハヤスのだ。昨日で、56歳。もはや残された時間は少ない。60までには、この事業を仕上げる。4年後の僕は、詐欺師か、創業者か。

そんなことを考えてると、ほんと、吐きそーになるのだ。

## 9月4日

台風、である。朝6時過ぎに連絡を取り合い、今日のとくし丸運行をどーするか相談。販売パートナーさんは個人事業主であるから、こちらから指示するような関係ではない。皆さんの判断を重視し、それをサポートするのが本部の役目なのである。

結果。全車が「とりあえず、行く」という返事。この雨の中を、である。ちょっと、カンドー。「売れるか売れないか」ではなく、「待っててくれる人が居る限りは」なのである。

確かに売上金額は普段の半分以下の人がほとんどだったけど、それでも「行こう」という、その気持ちがジューヨーなのだ。訪問したおばあちゃんたちには、充分に「気持ち」が伝わったに違いない。

そして、8号車の打ち合わせ。北岡弘美さん、31歳。いよいよ初の女性販売パートナーさんの登場である。今から準備して、スタートは11月初旬になりそうだけど、とにかく楽しみ。

女の人が、どんどん「とくし丸」に参加してくれるのは、大いにカンゲイなのである。早い段階で軌道に乗せられるよう、全精力を傾ける。

## 9月5日

京都をとくし丸が駆ける日は、果たして年内に来るだろうか？　今日、京都で複数店舗のスーパーを展開する会社の社長、専務が、朝からとくし丸を視察。商品ピッキング、レジ通し、積み込み、そして販売現場。一連の流れをしっかりと見ていただく。

その後、事務所でキョーエイ社長も交えて意見交換。

この事業は、今のスーパーの業態自体に大きな変革をもたらす可能性がある。どの商品が隣の店より何円安い、というような価格競争に巻き込まれ、消耗戦の「ツブシ合い」をするのは、とてもキツイしツライ。

「待ちの商売」から、自ら出かけて行く「攻めの商売」に、今のスーパーは発想を切り替えるべきだ。

とくし丸の車体にしっかり書いてある。「コンビニよりコンビニエンス」。「便利さ」の究極がとくし丸なのだ。そして、軽自動車ではあるけれど、その中身は「セレクトショップ」だ。小さな車体に、おばあちゃんたちが好きそうな商品を厳選し、販売員が自信を持ってお届けする。広く大きな店内は、おばあちゃんたちにとって「歩くだけでも疲れる場所」になっていることに気づくべきだ。

さて、今日の視察を終えて、どんな反応が返ってくるか。僕には、京都でとくし丸が駆ける日が、ハッキリ見えているのだけれど。

## 持続可能な経済活動

**【9月9日】**

経済活動は重要だけど、それには「持続可能で、適切な利益」という視点が重要だと思う。お金は、大切だ。けど、「儲かればいい」というものではない。

継続的に、長期的に、利益を上げるためには、適切で、かつ社会に受け入れられているということでなければならない。少なくともとくし丸は、そうありたいと考えている。

オリンピックを批判的に伝える、既存のマスメディアは少ない。なぜなら、彼らはオリンピックによって「利益を得る側」にいるからだ。

ほとんどの人が、少なからず「景気が良くなるかも」と感じている。が、果たしてソレは、本当にそうなのだろうか。もちろん、そう「思う」気持ちは、景気にとってとても大切なことかも知れない。が、そうなるだろうか？

そしてソレは、被災者にとってプラスに働くのだろうか。

今更こんなことを語っても仕方ないことだけれど、それでも言わずにいられない。

決まった以上は、せめて「復興支援に繋がるオリンピック」を目指してほしいと思うし、そうなるための知恵を出していくべきだ。

## 9月13日

どんなにヒッシに押してもビクともしなかった大きな車輪が、ある時ググッと動き出すと、今までとは比べ物にならないくらいの速度で動き出したりする。しかも、あれほど渾身の力でも動かなかったくせに、スムーズに動き出す。

8号車の11月上旬開業に向けて動く一方で、9号車希望の方が意思決定。順調に行けば12月上旬開業予定となるかも知れない。しかも、10号車希望の人が、来年2月の開業を目指している。

来年2月は、とくし丸の事業開始からちょうど丸2年。まさか10台を走らせるのに2年もかかるとは思ってもなかった。

明らかに、動きは速まってきている。もちろん、だからといって驕ることなく、足下を固めながら、チャクジツに一歩ずつ進めていかねば。

## 9月14日

バンバンバザール。のライブが、明日20時から、「寅家」にてスタート。コレは、なかなか良さそーである。

音楽にしろ、アートにしろ、小説にしろ、あらゆる表現は、その表現者のソーゴーリョクなのである。ウマいかヘタかの問題ではない。

何を考え、どんな価値観を持ち、何をセケンに伝えたいかが問われるのだ。ソレは、例えばコップの水に似ている。コップの中に、どれだけのケイケン、情報、価値観を取り込んでいくか。そして、ソレがマケマケイッパイ（方言で「溢れるほどいっぱい」の意味）になって、どうしようもなくなって溢れ出してきたものが、本物の「ヒョーゲン」となり得るのだ。

「ウケ」を狙ったり、「売れよう」と打算的計算をしたものは、本物ではない。本物は「やむにやまれず」「たえきれず」溢れ出してきたものこそが「ホンモノ」になり得るのだ。

やむにやまれず、誰もやる人がいないから、それなら「やってやろうじゃないか」というコトを、やりたい。

今日、徳島ニュービジネス協議会主催の「ニュービジネス支援賞」の2次審査プレゼンに出席。とくし丸のビジネスモデルは、その大賞にふさわしいと自信を持って応募した。さて、10月の結果発表。楽しみである。ま、審査委員のセンスによるんだけど。

## お客さんに、救われる

**10月4日**

シゴトをやっていると、いつもいつも楽しいコトばかりではない。そんなの、アタリマエだ。落ち込む時も、吐きそうになる瞬間も、投げ出したい場面も、トーゼン、ある。が、どんなにツラクとも、歩くと立ち直れるのだ。今日もひとりで北島の団地を「歩く」。

で、「助かるわ～」というおばあちゃんたちに出逢うと、また前を向いてシゴトに臨もうという気にさせられる。

アリガタイ。

お客さんに、救われる、のだ。「待っててくれる人」がいる限り、このシゴトを続けられる。どんなシゴトも捉え方次第で、面白くも辛くもなる。

明日は3人で、板野町を、歩く。また、「やる気」を頂くことになるのだろう。

そー言えば、タウン誌をやっていた時も、僕を支えてくれたのは「読者の声」だった。

## 10月6日

昨日、久しぶりの雨。朝イチに、「気をつけるように」とメールで注意を喚起していたのに。そんな日に限って、ジコってしまうのである。松原1号車が、土手沿いの道でスリップし、前からのクルマと接触事故を起こしてしまった。

両者にケガはなく、クルマの破損だけで済んだのは、不幸中の幸いと言える。が、とくし丸の明日からの営業は、とてもできる状態ではない。

そのため今朝から、明日お休みになるお客さんのところへ手分けして電話をすることに。どうしても電話の繋がらないお宅、電話番号の分からない方のところへは、直接足を運んで、連絡文書をお届けしてきた。

連絡のついたお客さんのほとんどが、明日の訪問ウンヌンよりも、「ケガはなかったか？」ということの方を心配してくれていた。

本当に、ありがたいことである。なかには、明日とくし丸が訪問できないことで、食べ物が少なくなって心細くなる人もいただろうに。

事故はとても良くない出来事だったけれど、このことをキッカケに、お客さんたちとの「温かい繋がり」を感じることができて、とても感動的だった。心から、感謝したい。

松原1号車は、約1ヶ月間、修理に出るけど、数日中に代車を手配し、特別臨時休業は明日のみとなるよう、最大限の努力をする。

## 10月15日

念願の、土成町を走ることが、できるかも知れない。

キョーエイ・市場店を拠点に、9号車となるとくし丸を、新居弘三さん（39歳、男性）が意思決定してくれた。僕の両親が住む土成町まで、なんとか足を延ばせる距離である。

そもそも「移動スーパー」は、ウチの母親を見ていて思い立ったのだ。80歳を過ぎた今もクルマを運転し、1キロ以上離れたスーパーまで買い物に行っている。が、それもそろそろフタンになってきているのだ。

順調に行けば年内の稼働も無理ではない。板野町を走る、11月上旬開業の8号車を軌道に乗せつつ、並行して9号車の需要調査をしなければならない。

とてもタイトなスケジュールだけど、何とかなる、はずだ。土成を走らせることは、僕のひとつのモクヒョーでもあったのだ。

創業から、2年近く。やっとここまで、辿り着いた。

## 10月17日

ほんと〜に、どーでもいい話なのだけど。

1号車　弘幸（ヒロユキ）
3号車　元広（モトヒロ）
4号車　和弘（カズヒロ）
5号車　浩高（ヒロタカ）
8号車　弘美（ヒロミ）
9号車　弘三（ヒロミ）
10号車　博文（ヒロフミ）

11月開業の8号車、12月開業の9号車、そして、来年開業予定の10号車を含めて、とくし丸10台のうち、7人の名前に「ヒロ」が付くのである。

「だから、どーした？」と言われても、「どーもしない」のだけれど。それにしても、ここまで揃うと、ちょっと、ね。書きたくもなるのである。

ちなみに、さらに「どーでもいい」話なのだけど。6号車の方と、僕は、同じ「タツヤ」なのだ。

いや別に、販売パートナー希望の方を、名前で選んでる訳ではないので。念のため。

## レジシステムの改善

**10月20日**

11月1日から、新しいレジシステムがスタートする。でっかいレジを降ろして、ウエストポーチに収まる「ハンディターミナル」でバーコードを読み取る。コレでレジ代わりにするのである。プラス、小さなプリンターを設置し、レシートを発行する。お金もすべてウエストポーチのポケットで対応。

費用はかかるが、その分、間違いなく時間短縮に繋がるはずである。販売パートナーさんたちのフタンは、そーとー軽くなるだろう。

提携先スーパー・キョーエイの協力で、またひとつステップアップできそうだ。その効果は、「訪問できるお客さんの軒数を増やせる」ということだ。そしてソレは、当然ながら売上アップへと繋がっていく。

今日は、貴重なお休みを返上し、朝から新レジシステムの研修会。そのメリットを、皆さんにしっかり感じてもらえたはずだ。

訪問軒数を伸ばす。↓売上アップになる。↓販売パートナーの収入が増える。↓販売パートナーの希望者が増える。↓台数が増える。↓訪問軒数が増える。↓買い物難民をサポートするとくし丸となる。

交渉を続けていた京都のスーパーからも、来年3月の導入をメドに、スケジュールを組むよう要請があった。高知のスーパーも、明日、部長クラスの方2名が現場体験に来県する。

いよいよ、本格的に忙しくなりそーだ。

## 10月22日

薄皮を、重ね続ける、日々歩き。とゆーことで、今日は、ひとりで北島町の追加需要調査。おかげで5軒のお客さんをハッケン。そして明日からは、12月上旬開業予定の、市場町・土成町を歩く。

薄皮を、一枚一枚重ねる。ソレは、実にマドロッコシイ効果しかないように思われる。が、薄ければ薄いほど、重ねれば重ねるほど、その一枚ずつはピッタリとくっついて、薄皮とは思えないほどの強固なカタマリとなっていく。

ブロックを重ねれば、簡単にできる厚みや高さを、わざわざ一枚ずつの薄皮で築こうというのだから、手間ひま労力時間がかかって当たり前だ。でも、だからこそ、ソレでしか築けない土台を、今、僕たちは創り続けているのだ。

歩けば歩くほど「ムクワレル」。

数年後、この土台の上に、どんな事業を創り上げることができるか、楽しみだ。

## 10月24日

徳島ニュービジネス協議会が主催する「ニュービジネス支援賞」の2次審査に残り、審査員の前で数十分のプレゼンを行ったのが1ヶ月くらい前。間違いなく「1位」の「大賞」だと思っていた。ちなみに、1位には賞金100万円が出る。

で、「入賞は間違いないので24日（今日）は、必ず出席するよーに」という連絡をもらっていた。もちろん「コレで1位、確定！」と信じきっていた。賞金の100万円を、販売パートナーさんへどう還元するか、ソノ計画さえ立てていた。

が、結果は、2位の優秀賞（賞金20万円）。金額の問題ではない。1位でなかったことが「ショック」なのだ。

ココで1位を取れずして、全国に打って出られるのだろうか？「全国初のスバラしいビジネスモデル」と思っているのは、実は、僕だけなのかも知れない。思い上がりの、カンチガイ。ただのお調子者の、アホ。そーだったのかも知れない。

この事業に『実力』がなかったのか？

ヘタなプレゼンで真意が伝わらなかったのか？

予測もできない、別次元の問題だったのか？

1位受賞者の事業内容が、とてつもなく良かったのか？

はたまた、審査員の見識が足りなかったのか？

それをショーメイできるのは、数年後のとくし丸のスガタだけだ。

ちなみに1位は、応用酵素医学研究所株式会社の「医療現場のニーズを反映した発明を迅速に実用化する大学生発ベンチャー企業活動」というものだった。

## 11月1日

10代の頃、阿南高専で「図学」を学んだ。どこからどう見るかによって、見えるモノのカタチは、大きく変わる。だから、製図を引く時は、正面図、平面図、側面図、断面図、などが必要になってくる。それらを総合的に理解して、初めて「モノのカタチ」が見えてくるのだ。

あるひとつの視点だけで物事を捉えようとすると、そのもののジッタイを見失ってしまうことになる。

平面図も、側面図も、それぞれは間違っていないのだけれど、あるひとつの視点「ソレだけ」

しか見ていないと、結果として「捉えること」を間違ってしまう。

最近のマスコミの一方的とも言える視点が、僕にはとても「怖く」感じられてならない。言いたいことを言える世界が、どんどん狭められている気がする。コワイ。

## 11月4日

高知のスーパーが、とくし丸の導入を本気で考えてくれている。昨日は、週に1日の休みを返上して、高知へ。

契約内容の確認と、導入に向けてのスケジュールについて相談。いよいよ県外でとくし丸が走り出すことになる。たぶん。きっと。いや、ゼッタイ、走る。

朝一番で出かけたものだから、昼までに打ち合わせが終わり、その後フリーに。せっかくなので、高知県立美術館で始まったばかりの「草間彌生/永遠の永遠の永遠」を観に行ってきた。

作品から受ける印象は、「ギリギリまで追い込んで、ようやくのところで何とかバランスを保っている」。だからこそ、絞り出される、作品の数々。たいしたもの、である。

レベルも、セカイも、まったく違うけど、僕も「ギリギリ」まで自分自身を追い込まねばなぁ、と思う。ソレをツイキューすればするほど、最後に出てくるケッカのクオリティが高まるのだ。

さて、どこまでを「ギリギリ」と設定するか?

## 11月8日

ドナリ、アルク。と言っても、決して、「怒鳴り」ながら「歩く」わけではない。僕の実家のある土成町を、需要調査のために歩いたのだ。

行く先々で、「土成の、住友のムスコです」と言うだけで、ほとんどのお家で「あ〜、あそこのコでぇ〜」ということになる。何ともアリガタイ話である。こちらは顔も知らないのに「アンタがタッチャンで」なんて人も現れる。

地元、強し。

それでも、1軒ごとが離れているので、歩いて回るのは効率が悪過ぎる。1日中歩いても、OKをいただけるお宅はほんの数軒。これで12月上旬開業予定の、新居9号車に間に合うのだろうか。

とにかく今は、1日でも多くの時間を作って「歩く」しかないのである。シのゴの言わずに、歩くことでしか問題解決しないのだ。1日でも多く、1時間でも長く、ひとりでも投入人数を増やし。

で、明日は、開業したばかりの北岡8号車の助手席に乗って、販売サポート。

う〜ん、なかなかイソガシー日々が続く。

# 過去最高売上を記録

## 11月12日

22万8290円。コレ、何だか分かる？　ナント！　今日の！　中道6号車の売上金額！である。やってくれるとは思っていたけど、まさか、ココまで伸ばしてくるとは、ね。

もちろんソレには理由があって、1200円×115点＝13万8000円のお弁当の注文を受けた上に、通常営業で、9万2290円。合計22万8290円となったのである。

お弁当を受注するために、二度の試食品のダメ出しに対応し、今朝は朝の4時過ぎから、拠点店のスーパー・ニコーさん総出でお弁当作りに当たってくれたおかげなのである。

中道さんの営業努力＋製造現場の協力あってこその、この数字なのだ。いや、それにしても、よく頑張っていただきました。カンシャ！

とくし丸には、こんな可能性が秘められているのだ。僕たちは、単なる移動スーパーをやってるわけではない。インフラを創っているのだ。

1台の軽トラックが、20万円を超える販売力を手に入れることを、中道6号車が実証してくれたのだ。

とくし丸の将来は、まだまだ未知数であり、やりようによっては、思いもかけない事業に発展する可能性を秘めているのである。

## 11月18日

歩いたり、走ったり、汗かいたり、泥だらけになったり、悩んだり、フアンになったり。ソノどれも、「ユメとキボー」さえあれば、どーってことないのである。耐えられる。が、ソレは「ユメとキボー」を感じられる自分自身だからこそ耐えられるのであって、さて、関係者の人たちはどーなのだろう？ 同じように「ユメとキボー」を持ってくれているのだろうか？ もし、そーでなければ、耐えられないかも知れない。

そー考えると、さすがの僕もクルシイ。ここまで、いろんな人たちを巻き込んできたのだから。ま、グチグチゆーヒマがあったら、とにかく前に進めるしかない。今更、後には引けないのだ。ある部分、ワガママで、ミガッテで、ジコチューシン的感覚を持っていないと、自分自身がツブレてしまうのかも知れない。かといって、ソレらがすべてであっては、決してならない、とゆーことも分かっている。

あ〜、すべては、「バランス」であるのだなぁと、つくづく思う。

## 11月20日

ハツコイ、のヒト。なんて言うとオオゲサなのだけれど、ソレは決してウソではなく、少なくとも「アコガレのヒト」ではあったのだ。

今日、僕の実家のある、土成町を歩いていて、訪問した1軒のお宅。80歳を過ぎた独り暮らしのおばあちゃん。その人が、その「アコガレのヒト」だったのだ。なんと、僕が幼稚園の時のセンセイ、である。実に50年ほど前の話なのだけれど、センセイはちゃんと僕のことを覚えていてくれてた。

「ツライ時も、アンタたちとの楽しい想い出で何とか生きていけるんよ」なんて台詞を言われ、思わず、マジで、泣きそうになってしまった。

で、つい「センセイは僕のハツコイのヒトだったんですよ」発言に至ったのである。

その時の、センセイの何とも照れくさそうで嬉しそうな笑顔が、僕をさらに泣きそうにさせるのであった。

こんなことって、あるんだ。この仕事をしていなかったら、こんな再会はなかっただろうなぁ〜。ちょっと、カンドー、である。

**11月28日**

ちょいとヤヤコシイのだけれど、4号車の多田さんが、新しい事業を始めるためとくし丸をリタイアし、引き継いだ原田真次さんが新車を購入し、多田さんのコースを担当。で、多田さんが使用していた車を、12月から、市場町・土成町を走る新居弘三さんが購入。

ということで、今日、多田さん、原田さん、新居さん、三者揃っての引き継ぎの手続きを行う。

明日は、広島県福山市にお邪魔し、地元経営者の方々に集まっていただいて、講演。で、来年1月には、以前に出会った水元均さんが主催する「やる気と感動のセミナー」略して「やるカン」で、講演予定。場所は、横浜国際ホテルであるらしい。

そういえば、12月には「徳島ニュービジネス協議会」でも、発表の機会をいただいている。とくし丸のビジネスモデルを知ってもらうために、この事業の仕組みを理解してもらうために、なら、どこにでも出向くつもり。

## 母からのダメ出し

**12月4日**

今日、新居9号車の土成西コース、初日。ムリヤリ足を延ばして、僕の実家へも。両親と近所のおばあちゃんが、すでに到着を待ち構えており、さっそくお店開き。

まさか、ね。

まさか、自分の実家へ販売に行くことになるなんて。数年前には、予測も、想像も、ユメにも思わなかった。でも、そーゆーことなのだ。

この事業のヒントを与えてくれた母親が、近所に強力リリースをしてくれていた。そして、初日から「品揃えのダメ出し」を遠慮なく言ってくれた母親に、カンシャする。

## 12月9日

11月上旬に、4号車担当が入れ替わるのと同時に、北岡8号車が開業し、12月上旬に、新居9号車があらたにスタート。その合間をぬって、売上のよろしくないコースの再需要調査に入りつつ、数個の講演をこなす。

広島県福山市での講演の後に時間があったので、足を延ばして広島市の友人・上田寛治さん夫婦と昼食を共にし、寛治さんがインドのケララ州に立ち上げた会社の決算報告を受ける。とても順調な様子。僕もほんの少し出資した、ナンチャッテ役員なもんだから、ちょっとウレシイ。

さらに、10号車を飛ばして11号車希望の方の研修を行い、京都と高知の来春開業スケジュールを考える。

久しぶりに徳島までやって来たタウン情報クマモトの社長・白石さんと美味しいお酒で酔っぱらい、タウン情報全国ネットワークのドーソー会をやろうという話で盛り上がる。

来週は、高知でスーパーを経営する社長を徳島にお迎えし、翌日は、京都のスーパーへ足を運ぶ。どちらも来春開業へ向けての大切な打ち合わせである。加えて、年明け早々からの、10号車、11号車の開業準備に着手しておかねば。

で、当然のことながら、数多いボーネン会もこなしつつ、加川良さんのライブにも行かねばならず。

さて、年末を何とか乗り越えたとして、来年はどーなる？ たぶん、夏までは「ヒマなし」なのであろーな。あ～、タイのサムイ島に行きたい！

## 12月20日

思うように売上の上がらない市場町を、ただ、ひたすら、歩く。しかも、午前中は、雪。ま、すぐに天候は回復してきたけれど。街中を歩き尽くし、山に向かって、どんどん奥へ、奥へ。

きっと乗り越えられる。それは、分かってはいる。分かってはいるのだけれど、やはり、ちょっと、クルシイ。この「カンジ」を何度も繰り返し、そして確実に前に向かってきた。必ず、カベは乗り越えられる。いや、乗り越える。

ジジツ、今日伺った1軒では、86歳のおばあちゃんと、88歳のおじいちゃんが「待ってました」と、嬉しそうに迎えてくれた。どうやら、本当に困っていたらしい。

おばあちゃん、僕は、アナタに出逢うために、この雪の中を歩いて来たのですよ。そして、出逢えたことで、本当に、今日1日の「歩き」が報われたのです。

アリガト。

## 12月30日

声が、出ない。数日前から……、たぶん風邪のせいだろう。声が、ほとんど出ない。電話もまともにできないとなると、仕事にとても支障が出る。困ったものである。

にもかかわらず、昨日は、恒例のゴクゴク内輪のボーネン会。よせばいいのに、もらいタバコまでやってしまったものだから、ますます声が出なくなってきた。

今日は、とくし丸通常営業の最終日。皆さん、ゼッコーチョーの売上だった。さすが、年末。で、若手販売パートナー、ドクシン組を誘って、今から、なんと、飲み会。とはいっても、彼らは飲まない。飲むのは、結局僕だけなのだけれど。

でも、本当に、今年も1年、皆さんよく頑張ってくれた。そして、たくさんのお客さんに、喜んでもらえた。アリガタイ。

明日は、いよいよ、お節の配達。とくし丸は、大晦日31日まで走るのである。
スゴイ！

# 第3章 ——2014年—— 芽吹き

## とくし丸、県外へ

**1月6日**

去年の11月から、試験的に始めた「カタログ販売」。普段の営業では、どーしても乗せきれない商品を、印刷物にして配布。例えば、ゴーカなお肉やお刺身セットとか、箱入りミカン、高級メロン。そして食品以外の、衣料品、フトン、石油ストーブ、シルバーカーまで。

で、「そー、ウマくは売れないだろう」と思って、あまり期待もせずにやってみたら。コレが、そこそこ、売れたのである。

そーか。とくし丸は、コレなのだ。前々から思っていた。「おばあちゃんのコンシェルジュ」なのである。とにかく、何でも「対応しまっせ」なのである。

明日は、「椅子が欲しい」というお年寄りのため、急遽取り寄せたカタログをお届けすることになっている。しかも数万円もする、結構リッパな椅子なのだ。

とくし丸は移動スーパーを核とする、「コンシェルジュ・サービス・システム」なのだ。

**1月10日**

初めての、県外スーパー・京都府の「フクヤ」との契約締結。いよいよ、4月1日から、京都府舞鶴市を、2台のとくし丸が走る（いやこの場合「舞う」という表現が適切か）。

創業から丸2年、やっとここまで辿り着いた。

必ず、舞鶴での事業を、早い段階で軌道に乗せる。それが当面の最優先課題である。もちろん、地元徳島の販売パートナーへのサポートも手を抜かずに行いつつ、である。

そして今月27日には、全国のスーパーマーケット経営者約２００名が集まるセミナーで、講演。ココでどれだけの反応を得られるかが、この後、数年の成長に大きく影響を与えそうだ。

今年は、とても大きな「変化」を迎えることになりそうだ。

## 1月20日

東京の、新宿、四谷、といったど真ん中でスーパーを展開してる「丸正」の専務がとくし丸のために来県。明日は、朝から現場視察。5代目であり次期社長となる30代の若き経営者。そーとー興味を持っていただけたようだ。

さて、京都、高知に続いて、いよいよトーキョーでもとくし丸か。しかも超都心部。いや、超都心部だからこそとくし丸が走る意義があるのだ。

ぜひとも今までのスーパーマーケットの概念を覆してもらいたい。既成の枠に捉われることなく、次世代のスーパーマーケットのあるべき姿を創り上げてもらいたい。

地域の拠点となるべきなのだ。食品を核に、あらゆる「困った」に対応できる新しいスーパーマーケットを目指すのだ。

## 1月29日

一昨日、横浜で開かれたセミナーに、講師として参加。対象は、全国から集まったスーパーマーケット経営者約130人。北は稚内から、南は鹿児島まで。オミゴト。

もちろんとくし丸についての話をした。講演後、信じられないことだが、本当に僕の前に名刺交換のための列ができた。それだけ移動スーパー、いや「とくし丸」の仕組みに興味を持っていただけたというアカシだろう。たくさん持って行かねばと、自分なりセーイッパイ持って行ったはずの名刺が、それでも足りない状態だった。

そして今日。3月に東京で開かれる、これまたスーパーマーケット業界主催の勉強会に講師で招待された。こちらも、全国のスーパーが50社以上加盟する会らしい。

そして、毎日放送の人気TV番組「ちちんぷいぷい」からの取材依頼。先週土曜日に、板野町でのロケハンを終了し、2月上旬に本番収録。そして、今の予定では、2月14日（バレンタインデー）に放映されるらしい。

何でも、吉本新喜劇の酒井藍ちゃんというタレントさんが、丸1日とくし丸を職業体験するとか。20分以上の枠だそーだ。

もちろん、コレもいい宣伝になるので快く引き受けさせていただいた。

ドレもコレも、アリガタイ話である。

だが。しかし。決してウカレテはならない。よーは、実態、である。とくし丸が実質、どーであるかが、何よりも大切なのだ。

浮かれることなく、常に足下を見つめ、しっかりとお客さんの顔を見て、今後のオシゴトを進めていこう。

## 2月6日

ということで、横浜のセミナーで講演した後、1日空けてまたも1週間、徳島を離れていた。止めときゃいいのに、同行の悪友がフェイスブックにタグ付けでバンバン写真をアップするから、もうバレバレ。

久しぶりの、コサムイ（タイ・サムイ島）。

朝から晩まで、ずーっと飲み続け、食べ続け、マッサージされまくり。ちなみにマッサージは、1時間200バーツ(約600円)。なもんだから、1日1回2回と、つい足を運んでしまうのだ。

さらに、タイフードは、とても美味しい（しかも、コレも安い）ので、気がつけばどっかのレストランに入って、ビールを飲んでいる、てなことの繰り返し。

な〜んの予定もなく、な〜んの目的もなく、ただただだらだら。

創業丸2年の、自分へのゴホウビ。メデタク黒字化にこぎ着けた。創業準備期間も含めると、約3年、無給でやってきたけれど、ついに今年からお給料をいただけることになったのだ（そんなに大きな額ではないけれど）。

海外に出ると、コリカタマッタ思考が一度分解されるような気がする。こういう時間は、実に大切だ。また、思いっきりシゴトに集中して、再び息抜きに行こう。

## 2月12日

舞鶴市を中心に13店舗を展開するスーパー・フクヤの方々が、2泊3日、3クールの研修を無事に終了。4月1日の開業に向けて、現在、着々と準備が進められている。本当に、楽しみだ。

その一方、明日、東京から年商2000億企業の社員の方々が視察に入る。ちょっとケタチガイな相手に、さて、どーやって対応したものやらと、サクセンを考える。

そのあげく、ココはしょーしょーアホなヤツを演じてみるか、との選択肢もあるのではないかと、考えてみたり、したりして。

で、先週、収録を終えた毎日放送のTV番組「ちちんぷいぷい」が、今週放映されることに。

予定では、午後5時くらいから約20分間ほどとくし丸が紹介されるらしい。必見！

## 2月18日

舞鶴、好調な滑り出し、のよーである。昨日からスタートした、舞鶴市での需要調査。スーパー・フクヤのとくし丸担当者・河田哲史さんは、そーとードキドキだったと思うけど、どこの町にも、どこの都市にも、買い物に不便を感じてる人たちは、たくさん存在するのだ。

昨日、今日と、「歩き」の結果報告をいただいたが、まずは、ひと安心なスタートのようである。もちろん、たった2日間の結果だけで気を緩めてはいけない。本格的な需要調査は、これからなのだから。

先週は、東京からの視察。昨日は、東京からコンサルの方が来て、打ち合わせ。来週は、九州のスーパーの方が視察に入る。再来週は、東京のAJS（オール日本スーパーマーケット協会）主催のセミナーで講演。

一気に横展開を仕掛けられるか、どーか。この数ヵ月は、とても重要な期間なのである。焦らず、驕らず、気を抜かず、コツコツと、ドキドキと、ワクワクと、楽しみながらやって行く。

## 喜ばれる喜び

【2月20日】

一昨年の、今日。とくし丸が初めて徳島を走った。2年前の売上は2台で5万円だった。ちなみに、昨日の松原1号車の売上は、10万1196円であった。もちろん、1台での売上だ。こんな日が来ることを、当時はユメにも思ってなかった。まさか、本当に10万円台が達成できるなんて。いや、去年の後半からすでに、10万円台は時たまではあるが出ているのだ。

そして、「喜んでもらえる、喜び」を、常に感じている。何とも「アリガタイオシゴト」だ。

昨日、今日と、丸2日歩く。まだまだ「待ってくれてる人たち」はたくさん、いる。

1台でも多くのとくし丸を増やすことが、これからの課題である。

【3月2日】

朝から、消費税変更に向けて、とくし丸全車から全商品を降ろして値札をはがし、新たに外税表記の値札に付け替える。

もちろん全車を回る訳にはいかないので、新人さんから優先して応援に入った。内税→外税。単純なことのよーだけど、これがとても大変な作業なのである。

明日から、新たに外税になるものだから、お客さんもまだ充分に分かってくれてないだろうし。たぶん局地的にはトラブルが発生する可能性もある。この数日は、その対応も考えておかなければならない。

で、4月からは、5％が8％にアップとなる。ここでもまた対応を迫られる。ヤレヤレ、だ。

でも、ま、泣きごと言っても仕方ない。皆さんの協力で、切り抜けよう。

## 3月10日

先月、久しぶりに遊びに行ったサムイ島。あ〜、また行きたいぃ〜！と思った時に、たまに覗くのが、サムイ島のツアーガイド会社、ＳＯＭＡ（ソーマ）のサイト。吉田一家の、きぬみちゃんがサムイ情報を毎日アップしてくれている。

久しぶりに見てみたら、なんと昨日も停電があったらしい。そー言えば、僕が滞在してた時にも、一度停電に遭遇した。

吉田一家の大黒柱、オトーさんの吉田さんは、相馬市出身らしい。そう、あの福島県の相馬市である。だから、事務所の名前もＳＯＭＡ（ソーマ）なのだ。

普段から、アタリマエのように停電するサムイ島。でも、何だかのんびりしていて、地元の人たちの顔は、だいたい「微笑んで」いる。

電気はふんだんに使える状態ではないようだけど、でも、必要以上にコーコーと明るい日本と、果たしてどちらが幸せなのだろう。

サムイ島の美しい写真を眺めていると、そんなことを考えさせられる。

## 3月24日

とくし丸10号車の需要調査のため、先週から集中的に阿南を歩く。春の陽気の中、朝から1日中歩く。今日のエリアは、僕の母校である阿南高専の近く。

昼食を摂るため入ったお店は、阿南高専正門前にある喫茶「リスボン」。僕が入学した時には、すでにソコに存在していたお店である。なので、少なくとも40年以上は営業しているはずだ。

ほんと〜に、久しぶりに会ったお店のおばさんは、当たり前だけどすっかりおばあちゃんになっていた。聞けば、20歳でお店を始め、すでに60年。お年は80歳になるらしい。

でも、まだ頑張ってお店をやってることにめちゃくちゃカンドー。素直に、その気持ちを伝えたら、おばあちゃんが本気で泣き出した。

「嬉しいわ〜。そんなに言うてくれて」

帰り際、お店の裏にある駐車場までわざわざ出て来てくれて、僕たちが車を出すまで丁寧に見送ってくれた。

かわいいおばあちゃん。なんか、ステキ。

## ついに成長期へ？

**3月30日**

前にやっていたタウン誌の会社は、ミゴトに「プロダクト・ライフ・サイクル」の、お手本のよーな曲線を描きながら推移していった。

R＆D（リサーチ＆デベロップメント／研究開発）期→導入期→成長期→成熟期を、在職中の23年間をかけて体験して来た。

だから僕にとってとくし丸は、まさにデジャブ（既視感）のよーなモノなのである。今回も、同様に、お手本どおりの曲線を辿っている。

R＆D期には、机上論だけで、いとも簡単に成功するのではないかとカンチガイしていた。が、導入期に入ると、やはりゲンジツは厳しかった。やれどもやれども結果は出ず、吐きそうな日々の中でのたうち回ることになる。

もちろん、今現在も「のたうち回って」いるのだけれど、それでも周りの状況は少しずつ変化しつつある。

明らかに、導入期から成長期の入口に差し掛かってきたように感じる。赤字から黒字へ。そして県外展開へ。さらに今後、加速度を得て、流通のスタンダードにまでなれるように。時代は、間違いなく移動スーパーを求めている。

## 4月1日

朝5時起きで京都府舞鶴市へ。スーパー・フクヤのとくし丸開業の日である。9時前に到着し、オープニングセレモニーに立ち会う。そして10時に、いよいよ出発。僕の役目は、助手席に乗っての販売サポート。

丸1日、舞鶴市内を駆け巡る。初日とは思えないお客さんの反応に、お疲れ気味のカラダも疲れを忘れ、夕方5時までしっかり販売。2台の売上合計は、8万円オーバー。

ここまでシッカリ準備を整えてくれたフクヤ・スタッフの皆さんに、ただただ感謝。正式な、初の県外とくし丸は、とても順調な船出を果たしたのである。

さっそく夕方のNHK京都のニュースで報道された。

さらに、前日から舞鶴入りをしていた四国放送の撮影クルーも、2日間バッチシ取材をしてくれた。

心地よい疲れを抱えながら、ついさっき徳島に帰着。明日からさらに、「とくし丸」を1台でも多く走らせるために、ウゴク。

## 4月21日

先週土曜日の毎日新聞に続き、今日の日経新聞にとくし丸の記事が掲載された。こちらも全国版である。

舞鶴のスーパー・フクヤ（すでに稼働）、高知のサニーマート（6月開業）、東京の丸正（7月開業）と正式な契約を済ませ、今日、さらにもう1社、広島のニチエーから、電話での話ではあるけれど、正式に契約したい旨、連絡をいただいた（9月開業予定）。

そして、来月は、福島県のスーパーからも呼ばれ、幹部社員を集めた場でとくし丸の事業説明をさせていただくことに。

構想から約3年。昔の人は「石の上にも3年」と言ったけど、まさに3年近く、よくぞガマンをしてきたものだと、つくづく思う。

この仕組みを、全国に届けよう。

## 4月23日

「いのちの希望」という会報誌が送られて来た。その表紙に書かれたサミエル・ウルマンの「青春の詩」が心に響いた。

（一部抜粋）

青春とは人生のある期間を言うのではなく、心の様相を言うのだ。
優れた創造力、逞しき意志、炎ゆる情熱、怯懦《きょうだ》を却ける勇猛心、
安易を振り捨てる冒険心、こう言う様相を青春と言うのだ。

年を重ねただけで人は老いない。理想を失う時に初めて老いが来る。
歳月は皮膚のしわを増すが、情熱を失う時に精神はしぼむ。
人は信念と共に若く　疑惑と共に老ゆる、
人は自信と共に若く　恐怖と共に老ゆる、
希望ある限り若く　失望と共に老い朽ちる。

23歳、タウン誌を創刊した時には、資金も、人脈も、実績も、ノウハウも、何もなかった。あったのは、ただ、情熱と若さだけだった。

とくし丸を創業した時には、54歳。23歳の頃の自分に比べたら間違いなく、資金も、人脈も、

実績も、ノウハウも、圧倒的に優位な立場だった。もちろん情熱は失ってはいないつもりなのだけれど、ひとつだけ「若さ」だけは、完全に欠けていた。

もはや、ゆっくりしている場合ではないのだ。限られた時間の中で、どこまで辿り着けるのか。10年先、20年先などという、悠長なコトを言っていられない。この先、数年のうちに、カタチを創り上げなければ。

「青春の詩」はとても魅力的だけれど、ある意味、ザンコクでもある。

## 5月15日

昨日の朝。徳島空港へ向かう車の中で、飛行機のチケットを持っていないことに気づく。急いでUターンし、事務所へ走り、何とか乗り遅れずに済んだ。

四国放送の方々も一緒だったものだから、内心は、そーとーヒヤヒヤであったのだ。

福島のスーパー「いちい」に伺い、とくし丸の事業説明を数時間。前向きに検討していただけそうである。年内にとくし丸が福島を走ることになるかも知れない。

その夜は、四国放送ディレクターの芝田さん、カメラマンのスギタさんと、遅くまで飲み続ける。その勢いで、翌日（今日）予定されていた、仮設住宅の取材に「どーせなら、朝一番で行こう！」という話に、勢いでなってしまう。

いや、コレがいけなかった。ヘロヘロになりながら今朝は5時起き。完全なる二日酔いで、仮設住宅に向かったのはいいのだけれど、結局、特別なことは何も起こらず。仕方ないので一度引き返し、再度、予定どおりの時間に訪問することに。

仮設住宅の自治会長さんにお話を伺い、数軒のお宅におじゃまして、インタビュー。昨年放送された30分と先月放送された30分に、今回の福島の撮影をプラスして、1時間番組として放送される。もちろん、四国放送で。

一昨年の創業から、すでに2年以上を費やして撮り続けていただいたとくし丸の軌跡が、まるまる詰め込まれている。

## 開業ラッシュ

**6月11日**

ここのところ、ほぼ毎月開業が続いている。

6月16日＝高知「サニーマート」1号車

7月1日＝徳島10号車引き継ぎ開業

7月2日＝京都北部「フクヤ」3号車

7月14日＝東京「丸正」1号車
9月1日＝広島福山市「ニチエー」1号車
9月中旬＝高知「サニーマート」3号車、徳島「キョーエイ」10号車
10月上旬＝福島市「いちい」1号車

この後も、たぶん開業がメジロオシとなりそうである。望むところではあるけれど、果たしてソレに対応できるのか？

もちろん、その間、徳島での「歩き」が入っているのである。最近、ちょっとテンパっているのか、もらいタバコの本数が増え気味だ。

そんな合間をぬって、映画「愛の渦」をUFOテーブルシネマで鑑賞。先月、東京で観て来たのだが、こんな映画を上映してくれるUFOテーブルシネマに「ケイイ」を表して二度見することに。

とてもオモシロイ。オススメ、である。

## 6月16日

朝5時起きで、高知へ。京都北部フクヤに続き2社目となる、とくし丸提携スーパー「サニーマート」の出発式に参加する。TVカメラが4台、新聞社、数社の取材が入る。

販売現場を見るために、午前中に後追い同行。高知らしい開放的なお客さんが多く、手応えはとても良かった。結果、初日としては上出来の4万円オーバーだった。

明日から、スタッフの村上君は、東京のスーパー・丸正へ。7月中旬の開業に向けてのサポートに入る。

徳島では今日も、原田4号車が10万円超え。先週土曜日には、松原1号車が11万円台を売り上げた。ここのところ、1週間に一度は、誰かが10万円超の数字を出している。

とくし丸の価値が、間違いなく高まってきていることをジッカンする。

この移動スーパーという仕組みを、事業として成立させられるかどうか。いよいよショーネンバを迎える時が、来たようだ。

## 高齢者の見守り役として

**6月20日**

「安心安全特使丸」ということで、今日、徳島県警本部長と調印式を行ってきた。目的は、高齢者の皆さんを、詐欺被害や交通事故、さらに様々な犯罪行為から守るため。

ちなみに、徳島での詐欺被害額は5億円を超えて、過去最高になっているらしい。しかも、その半数以上が高齢者であるということだ。

僕たちとくし丸が訪問しているお宅は、まさにこの高齢者の方々がほとんど。ならば、「何か協力できるのではないか」ということで、数ヶ月前から打ち合わせを進め、本日、調印式となったわけである。

買い物難民＝情報難民、でもある。TV、新聞、チラシで広報することももちろん大切ではあるけれど、やっぱりいちばん効果的なのは、顔を合わせ、目を見て、直接分かりやすく説明すること。

そう、とくし丸には、それが「できる」のだ。僕たちが創ってきたこのヒューマンネットワークを、利用しない手はない。いや、このネットワークだからこそ、大いにお役に立てるのである。

徳島県との「見守り協定」も実質的効果を上げているし、これからはこの「安心安全」を目的とする警察への協力も可能となる。

食品販売だけではない、とくし丸のプラスαのチカラを、これからどんどん社会に役立てよう。

すでに、先行して、京都府北部のスーパー・フクヤでも、この活動が進められている。スゴイぞ、とくし丸。

■6月23日■

日本テレビの、硬派番組「NNNドキュメント」に「とくし丸」が取り上げられることになった。創業からずーーっと追いかけてくれている四国放送の力作が、全国区で認められたということでもある。ウレシイ。そして、カンシャ。

NNNドキュメント14「おばあちゃんのコンシェルジュ。買い物の楽しさ、届けます！」深夜枠ではあるけれど、全国のスーパー関係者には、ぜひとも観ていただきたい。もちろん、ひとりでも多くの視聴者の方々に。

実は、数週間前には、共同通信本社の論説委員の方が取材に来られ、全国40数紙の地方新聞にも記事を配信してくれるらしい。

さらに、7月には雑誌「BE-PAL」の取材が入る。こちらはモノクロ4ページの予定らしい。加えて、スタッフの村上君が2冊目の単行本を全国発売する。ネタはもちろん、とくし丸。

■6月26日■

もう、書かずにいられない。あらゆる「戦争」は、最大の犯罪である。そもそも「戦争」などという表現をするから、本質から目をそらされてしまう。「戦争」ではなく「人の殺し合い」なのだ。

どんな理由があれ、「人の殺し合い」が肯定されていいはずがない。それを決して許してはいけない。

公明党は平和を標榜する政党ではなかったのか。「集団的自衛権」を受け入れるということは、「平和」よりも「権力」側に残ることを優先させたということだ。

選挙は、ある意味「国民投票」である。なら、原発を推進しようとする自民党、集団的自衛権を受け入れようとする公明党には、断じて投票してはならない。

このまま権力の暴走を許してしまうなら、日本は本当に「ダメな国」に突き進んでしまう。声を上げよう。そして、望まない政策を進めようとする政党には投票してはいけない。仕事がしづらくなろうが、関係者に嫌われようが、かまわない。経営者である前に、僕はひとりの人間でありたい。自分にウソをつきながら生きていくくらいなら、いつ命が終わってもかまわない。

## 6月30日

当たり前だけど、誰にだって、いろいろ、ある。でも、だからこそ、面白いのであろうが……。

昨日は、UFOテーブルシネマで、「FOOL COOL ROCK!」と「そこのみにて光輝く」をハシゴ。

どちらもむちゃくちゃ面白かった。が、1本目は10人以下、2本目は僕を含め2人っきり。ナゼ、だ？　市内中心部に「映画館が欲しい」とたくさんの人が言っていたはずなのに。しかも、こんなに魅力的な映画をバンバン上映してるのに。信じられない。

この後も、絶対に見逃せない作品がメジロオシである。UFOテーブルシネマ、ガンバレ。僕は全力でオーエンする。というか、なくなられると、困る。

で、今日、10号車を担当していた早瀬さんが、諸事情により、今日で販売パートナーから離れることに。とても、とてもザンネンではあるけれど、ジンセーには、なんやかやとショジジョーが生じてくるものなのだ。仕方ないことも、たまには、ある。早瀬さん、本当にお疲れさまでした。そして、心から、ありがとうございました。

で、明日から、早瀬さんのコースを森さんが引き継ぐことに。夕方から、早瀬さん立ち会いのもと、バトンタッチ作業をこなす。

## 7月3日

昨日、一昨日と、京都北部にあるスーパー・フクヤへ。今年4月にとくし丸を導入してくれたばかりとゆーのに、早くも3号車が開業となった、そのお祝いに駆けつける。

4月1日にスタートしたフクヤ河田2号車の、先月の日販平均はナント9万円超え。信じられない数字なのだけれど、いや、コレはマギレモナイジジツ、なのである。僕が、県外展開に「確信」を持てた「瞬間」でもある。

そして、昨日のフクヤ3号車の売上は、初日であるにもかかわらず、7万円台。もはやレジェンドになるのではないか、と思わせる結果だった。僕が、とくし丸のさらなる事業化に「自信」を深めた「瞬間」でもある。

まだまだ、入口に過ぎない。浮かれてるヨユーは、ない。人手も、時間も、まったく足りない。でも、その制約の中で、どーやってヤリクリし、より効果的な結果を出し続けられるか。知恵と工夫とコンジョーと、それから少しばかりのオタノシミがあれば、何とか乗り越えられる。はず。

## 7月6日

「安心安全特使丸」。徳島県警察本部からいただいたネーミングである。数週間前、高齢者に対する詐欺、事故、犯罪被害を、少しでも少なくするためのお手伝いができればと、県警本部と合意書を交わした。

で、本日、販売パートナーを集めて、県警情報発信課の研修を受けさせていただいたのだ。貴重な休日を返上しての研修会だったため、残念ながら全員集合とはならなかった。が、それでも販売パートナー8名+とくし丸スタッフ3名の、計11名が研修を受けた。

やはり、専門家の話を聞いておくことはとても重要だ。これからお年寄りに接する時、どこをポイントに注意喚起をしていけばよいか、どのような情報の流れを意識しておくべきか、とても参考になる話だった。

名目だけに終わることなく、実質的役割を果たせるよう、とくし丸は社会と関わっていきたいと思う。

ま、それにしても、これだけまとまって「とくし丸号」が集まると、壮観である。次回集合する時は、この倍くらいにはしたいよな。

## 7月8日

「台風が来るので、植木鉢を家の中に入れといて」と、1号車を担当している松原君が、とあるお客さんから、お願いされたそうだ。確かに、そろそろ台風に備えておかないと、被害を受ける可能性がある。

で、彼は、仕事が終わった後で、そのお客さんのお家に再度伺い、依頼どおり、植木鉢を安全な場所に移動させたらしい。エライ!

と、すると、その方が少額ではあるけれどお金を手渡そうとしたという。もちろん松原君はキッパリとお断りした。が、それではお客さんの方の気持ちがすまないらしく、受け取る受け取らないの押し問答となった。

で、結果。次回お伺いした時に、松原君のお母さんが好きな物を、松原君がとくし丸に積み込んで訪問し、ソレをお客さんが購入し、そのまま松原君にプレゼントする。

何ともヤヤコシイ話ではあるけれど、とてもホホエマシイ結論を2人で導き出したそーである。

NNNドキュメントが放映されて、昨日、今日と、メールと電話が全国の方々から寄せられた。どれもお褒めの内容ばかりである。そしてギョーセキも順調に推移してきている。にもかかわらず、最近、セキニンのステージが上がって、吐きそうなほどのプレッシャーにのたうち回っていた。今日の出来事は、そんな僕の心を、少し癒してくれる話であった。

## 東京進出

**7月15日**

一昨日から、東京へ。そして昨日、新宿のスーパー・丸正でとくし丸が開業。

新宿区長もお祝いに駆けつけていただき、盛大に出発式が行われた。その後、助手席に乗って販売サポートを丸1日。まさか、東京のど真ん中で、こんなにも早くとくし丸を走らせることができるなんて思いもしなかった。カンムリョー、である。

メディアにも注目されていて、日テレ、テレ朝の番組でも近々取り上げていただけそうだ。全国区を目指すためには、ぜひともメディアのチカラを借りなければ。

そして、今日。僕たちとくし丸だけの人員では、到底全国区をカバーしきれないため、代理店となっていただく「ブルーチップ」と提携。ブルーチップは50年前から地方の小売店にポイントサービスを提供している会社だ。無事に契約書を交わしてきた。

これから、さらにスピード感を持って、全国へとくし丸を広げて行く。全国、どこへ行っても、間違いなくとくし丸を待っていてくれるおばあちゃんたちがいるはずだから。

## 7月17日

メディアに取り上げられると、やはりイロイロ周辺環境に変化が出てくる。まずメディアから、メディアへ。

明日、テレ朝の「モーニングバード」に、東京新宿を走るとくし丸が取り上げられる。で、今日は、日銀の女の子が高松からヒアリングに訪れた。マクロ、ミクロの視点からケーザイジョーキョーについてインタビューを受ける。で、そんな表面数字を机上だけでイジルのではなく、それでどれだけ「シアワセ」を感じられるのかを、チョーサデータの中に入れたらどーだ、とお伝えする。

そしたら25歳のカノジョ、「今度のお休みに、とくし丸に体験試乗します」とおっしゃる。珍しくコンジョーのあるヤツではないか。ま、これも、本当に実行すればの話ではあるけれど。

そのすぐ後、今度は農水省の役人から電話が入り、「買い物難民についての話を聞きたい」という。それだけならとくし丸のホームページを読めば間に合うと断るところなのだが、プラス「ギョーセーになにか要望があれば」とおっしゃるので、「言いたいことは山ほどある」と、面談を了承。

どなたもメディアを通してとくし丸の存在を認知し、そしてコンタクトを取ってきた。さて今後は、どんな方々が、どんな目的を持って、とくし丸に接触してくるのだろう。

## 目指すのは10円×1万人

**7月18日**

1万円×10人、よりも、10円×1万人。どちらも答えは同じのようだけど、この2つの結果には大きなチガイがある。とくし丸を全国に広めるために、僕は後者を選んだのだ。

なもんだから、3年やってきて、僕のオキューリョーは、現在、月額20万円。それも去年までは無給。今年に入ってからのことである。村上君よりも、販売パートナーさんよりも、低額とゆーことになってしまっている。

なぜなら、損益分岐点を超えるには、まだまだ数を増やさなければならないからである。ソレは「10円×1万人」の方の考え方を選択したからということに起因する。

「利益を取る」ことよりも、「広める」ことを優先しようとすれば、おのずとこういうことになる。が、だからこそ、「利益は、必ず、遅れて、後から、付いてくる」と思うのだ。

もちろんお金だけではないけれど、お金だって、とても大切な評価基準なのである。さて僕は、いつ、どこで、どれくらい、評価されることになるのだろう。

## 7月22日

先週、契約を交わしたとくし丸の代理店・ブルーチップの社員、濱田大樹さんと堀内一希さんの2名が、昨日から31日まで、12日間にわたる研修のため徳島入り。

丸1日の座学をこなした後、今日から販売体験へ。週末には需要調査の現場研修。まずは、僕たちとくし丸本部のすべての仕事をキッチリやってもらい、この仕組み、考え方、進め方を身につけてもらわねば。

ブルーチップの顧客となるスーパー運営会社は、全国に200社以上。店舗数にして

3000店を超えるそうである。

このネットワークを活用し、とくし丸を一気に全国に広めていこうというコンタンなのだ。が、そーヤスヤスとコトが進む訳ではない。

ソレを少しでもスムーズにスピーディにさせるには、彼ら2人にどれだけ「想いとノウハウ」を伝えられるかだ。

12日間は長いようで、とても短い。もちろん、ゼンリョクで取り組む。

## 8月4日

明日から、福島。へ行くのではなく、福島のスーパー「いちい」の方々が、今週いっぱい研修で徳島に来る。先週はブルーチップと広島「ニチエー」のスタッフが研修に来ていたし、来週は岡山「天満屋ストア」の方々が視察に入る。

このところ、ほぼ連日、どこかから、誰かが、徳島に来ている。そーそ、今週は、農水省のオヤクニンもヒアリングに来るのであった。

僕は見ていないけど、今日、日テレの「ニュースエブリィ」で10分ほどとくし丸が紹介されたらしい。放送直後から、メールと電話が事務所に入ったので、ソレと分かった。

なぜなら、残念ながら東京ローカル＋地方4局のみでの放映だったらしく、徳島では見ることができなかったのだ。

で、その直後、今度はTBSのディレクターから電話が入った。またも「ミッチャク取材」をしていただけるらしい。

メディア露出に負けぬよう、事業の実態にさらに磨きをかけ続けねば。そう考えると、もう、ほんと、吐きそうになるのである。たぶん、誰も分かっちゃくれないだろうけど、そーゆーものなのだ。

せめて、休みの前の夜くらいは、酔っぱらってしまいたい。

## 8月15日

徳島県内で10台、県外で7台。なもんだから、お盆といえども、何処かで、誰かがとくし丸を走らせている。

たとえお盆だったとしても、「買い物が不便」なことには変わりないのである。いやむしろ、お盆だからこそ必要とされる商品だってたくさんある。お線香、ローソク、お供え物、等々。

で、僕は休むことなく毎日、事務所に詰める。電話やメールの問い合わせも結構あるし、誰に邪魔されることなく机に向かえるので、普段見逃していたことをジックリ考える時間もできる。

思いついたキーワードをメモしてみた。
①売り過ぎない。
②「アナタでなければ」と言われる商売。
③未来に、とくし丸の遺伝子を伝える。
④100万円×100人、ではなく、100円×100万人を目指す。
⑤足腰の強い小さな組織を、ゆるやかに繋げる。
⑥大資本とは、組まない。
⑦ヤクルト販売+アメーバ経営をヒントに。
阿波踊りも今日が最終日。よし、今夜は飲みに出よう。

## 県内の過半数が売上10万円超え達成

**8月20日**

4台、10万円オーバー。こんな日が来るなんて、思ってもみなかった。各店の棚卸しの関係もあって、徳島の、今日の営業は7台。そのうち、過半数以上の4台が10万円の大台を超えたのだ。

今まで地道に、薄皮を重ねるが如き作業を続けてきた、日々のドリョクに対するゴホウビ、か。なんか、少しだけ、ムクワレタ感。

そして先月提携したブルーチップから、20社近いとくし丸導入希望スーパーがあるという報告も。

もはや、明らかに、成長期にトツニューしている。だからこそ、さらに地道に、足下を固めながら、一枚ずつ、丁寧に、薄皮を重ね続けていくのである。

薄ければ薄いほど、重ねれば重ねるほど、この「カタマリ」は、強固で頑丈で揺るぎない「基礎」になっていくだろう。

## 9月2日

「ヤクルト」という会社の、売上の約6割を支えているのは、「ヤクルトおばさん」であるらしい（もちろん、なかにはオネーサンもいる）。1本100円前後の商品を、それこそ「薄皮を重ねる」が如く売り歩くヤクルトおばさんたちが、あのヤクルトという企業の基礎を支えているのだ。

京セラ創業者の稲盛和夫さんは、「アメーバ経営」を推奨している。1つずつの細胞が、生き生きと活性化することこそが、企業のチカラになる、と。

とくし丸のイメージは、まさに「ヤクルト販売＋アメーバ経営」なのである。1人ひとりの、個人事業主である販売パートナーが、1軒1軒を訪問し、それが繋がっていくことで大きなヒューマンネットワークが形成されていく。それぞれが自主性を持って、個人の存在を尊重しつつ、仕事に取り組む。

システムとかデジタルとか、そんな言葉とは距離を置いたところで、血の通った人間らしい「仕事のあり方」を創っていければ、と願う。

最近、あまりのオーバーワークに、気持ちがどんどんササクレ立って、イライラする日々が続いている。でも、だからこそ、もう一度初心を見つめ直そうと思う。大資本や巨大組織に負けない、地域のことは地域の中で循環させていく、そんな新しいとくし丸の「あり方」を創っていこう。

## 9月5日

この数ヶ月、家の前に毎回必ず出て来てくれて、お買い物を楽しんでたおばあちゃん。それが今日は、出て来てくれない。念のため、電話を入れてみたけど、反応なし。

心配になった7号車担当の江口さんがとくし丸の事務所に連絡をくれた。そこですぐに「地域包括センター」へ電話し、状況説明。さらに、たまたまそのおばあちゃんのお隣が、僕の知り合いであることに気づき連絡を取ってみた。そしたら……。

江口さんのヨカンは、外れてはなかった。「昨日、急に具合が悪くなり、救急車で運ばれたのだが、残念ながら亡くなられた」ということだった。

3日前には、元気で買い物してくれてたのに。こんなことになるなんて。とくし丸は、商品を運んでいるだけではない。「見守り役」としても、重要な役割を果たしているのだ。

残念な結果に終わってしまったが、江口さんの「見守る気持ち」は、きっとおばあちゃんにも伝わっていたことだろう。合掌。

## 9月9日

全国的・広域的な買い物支援の取組事例。ということで、農水省のホームページにとくし丸が掲載された。ファミマ、ローソン、農協、全日食、生協、日本郵便、山崎製パン、ヤマト運輸。で、これらの大組織に唯一混ざって「とくし丸」なのである。しかも、「50音順」とかいう理由で、1番上に載っている。

果たしてこのページを、どんな人たちが、どんな理由で見に行くのか、ちょっと想像つかないけど……。ま、少なくとも掲載された関係者は見るだろう、と思う。たぶん。

となると、流通業界の、大手と言われる掲載企業の皆さんにとくし丸が知れることとなる。

さて、ソレはとくし丸にとってプラスとなるのか？

大手が気づかないうちに、大資本が参入してくる前に、彼らが後から追いかけて来てもすでに間に合わないように、「先行すること」が重要だと考えていた。

資金も組織も、桁違いに小さい我々の、ただひとつの強みは「誰もやっていないことを先にやり始めて、ノウハウを手に入れる」ことだけなのだから。

もはやユーチョーなことを言ってる場合ではない。さらにギアを上げて、トップスピードで駆け抜けなければ。

今日のブルーチップからの報告によれば、とくし丸導入希望のスーパーがすでに40社を超えたという。

## 9月17日

今週始めに、大分県のスーパー経営者が視察に。昨日は、青森県のスーパーの方が視察に来られた。今日は、朝日放送のTV番組「キャスト」が取材に入った。

その間をぬって、マーキュリーの大平さんと、とくし丸新バージョンの車両についての打ち合わせ。さらに飛び入りで突然、富山県の学生たちがとくし丸の見学に。

明日は、全国から集まったスーパー経営者の前でとくし丸の事業説明。そして、会食。

あの、もう、ダメ、かも。

アタマのメモリー処理能力が、すでに限界を超えている。何かタイセツナモノを忘れてはいないか、とても不安になってくる。

明後日は、鈴江11号車の開業日。週末は、ひとつ飛ばして13号車の可能性を探るため牟岐町《むぎちょう》のスーパーへ。来週は、10月下旬、東京品川区で開業予定のスーパー「文化堂」から研修にやってくる。

あの、もう、ダメ、かも、知れない。けど、どうにか、乗り切る。たぶん。

## 問い合わせの増加

**9月22日**

朝から、徳島大学教授が学生2人を連れて来社。1時間たっぷりとくし丸について話した後、キョーエイ本部へ。11月開業予定の12号車販売パートナーさんを、キョーエイ社長の埴渕さんに紹介するため。ここでまた、現状報告。

午後から、岡山の天満屋ストアの方々が来社。来年1月開業のための正式契約を済ませ、さらに深くとくし丸の事業説明。その後、販売中のとくし丸を追いかけ、現場での説明。

青森の事業者の方から問い合わせ。陸前高田のＮＰＯ法人の方からも問い合わせ。どちらも電話対応でとくし丸について、しっかりお答え。

「喋る」という行為は、とてもエネルギーを消耗させる。今日は、いったい何時間喋り続けていただろう。しかも、似たような内容を、繰り返し、くりかえし、クリカエシ。

明日は、鈴江11号車の助手席に乗って、販売サポート。やっぱり、需要調査で歩いたり、販売でおばあちゃん宅に出向く方が、とても健康的だなぁ、とシミジミ。

今日の朝日新聞。全国版にとくし丸が大きく掲載されていた。しかも、第１面の目次にも紹介されていた。

これからさらに喋り続けなければならないのだなぁ、と覚悟を決める。なぜなら、この行為は、ほとんど布教活動のようなものだから。

## 9月28日

When the man loves the woman. とてもユーメーな曲である。「男が女を愛する時」。このタイトルをモジって言うなら「When the man respects the man」＝男が男に惚れる時。

今まで僕が直接会って、話をして、「カッコいいなぁ」、あるいは「スゲェなぁ」と感じた男は、そー多くはいない。

「カッコいいなぁ」と思ったのは、カタログハウスの斎藤駿さん、モンベルの辰野勇さん、Jリーグを創った川淵三郎キャプテン、作家・俳優の中村敦夫さん。僕がオンナだったら、抱かれてもいいとさえ思うほど、男としての魅力を兼ね備えている（あくまでも、オンナだったらという仮定の話である。念のため）。

「スゲェなぁ」と刺激をいただいたのは、大塚製薬の大塚正士さん、日亜化学工業の小川信雄さん、ジャストシステムの浮川和宣さん、楽天の三木谷浩史さん。どの方も、スケールの大きな人たちだ。

そして彼らに共通して言えるのは、権威とか肩書きに捉われない、自由奔放な個性を持ち合わせている点だ。

オンナにモテたいのは、言わずもがなであるけれど、男に惚れられる男って、やっぱりシンソコ憧れる。

まだまだ道のりは遠いが、いやそれどころか、辿り着きそーもない領域ではあるけれど、生きている限り、「ソコ」を目指してやっていきたいと思うのだ。

## 9月29日

「コーブンさん、逝く」。一昨日のニュースを、完全に見逃していたらしい。今日、村上君に聞かされて初めて知った。

宇沢弘文さんが、亡くなられたらしい。僕たちは親しみを込めて「コーブンさん」と呼んでいたけど、どーやら「ひろふみ」さんであったらしい。

出会った時から、「カッコええなぁ、このじいちゃん」とずっと思っていた。そのフーボーもさることながら、発言もかっこ良かった。

「トーダイセーなんて、サイテーだよ」。って、そーゆーコーブンさんって、確か東大名誉教授でしたよね。

思わずツッコミを入れたくなるような話が、満載なのだ。

そしてナント言っても「酒好き」。僕は何度、この人のために酒を買いに走ったことか。昼間っから、とにかく酒、だった。

数年前、吉野川第十堰住民投票のリーダーだった姫野雅義さんの本『第十堰日誌』を作る時、その「あとがき」をお願いするためコーブンさんの事務所に電話を入れた。

「今、体調を崩していて、文章を書ける状態にない」と、電話口に出た女性に言われたのが、最後だった。

コーブンさん、僕は、アナタのことが大好きでした。

## 10月2日

車の運転のキライな僕が、朝から鳥取へ。大山の麓にあるスーパー・あいきょうの社長・安達さんにお会いするため。

3年前の今頃、僕と村上君は、何度もココへ足を運んだ。移動スーパーをスタートさせるために。

安達さんはとくし丸の大先輩。もう20年以上前から、この地域で移動スーパーをされている方である。電話1本を入れただけの、ほぼ飛び込み状態の僕たちに、親切に、丁寧に、移動スーパーについて教えてくれた。

「住友さん、その仕組みをぜひ全国に広めてください。地域のスーパーの大きな支援になるはずです」

スーパー、個人事業主、そして本部機能のとくし丸。この三者が役割分担を明確にすることで、リスクを分散させることで、初めてとくし丸のビジネスモデルが成立する。

構想から丸3年。創業してから約2年半。やっと軌道に乗りかけた僕たちの事業を、安達さんに報告できるところまで辿り着いた。

3時間以上、久しぶりに2人だけで話し込んだ。今までの経緯、コレからの課題と展望。ココまでやってこられたのは、安達さんがいてくれたからこそ、である。

改めて、コレから、いよいよ、本番が始まる。

## 前のめりから、後ろのめりへ

**10月7日**

昨日、京都北部のスーパー・フクヤで、待望の女性販売パートナーさんが、開業。これで実質的に、個人事業主の方が京都で3台稼働することになった。今年4月にスタートしたばかりにもかかわらず、このペースは、本当にありがたい。ただただ、スゴイ。

そして、今日。台風のせいで、開業が1日遅れになってしまった東京のスーパー「よしや」でも、開業。

今月20日には、福島市のスーパー「いちい」が、開業となる。さらに3日後、23日には、東京のスーパー「文化堂」で、開業。

11月3日、徳島市内で12号車が、開業。加えて同月、静岡でスーパー「ナガヤ」が、開業。その合間をぬって交渉を続けていた、徳島県南部にあるスーパー「オオキタ」で、徳島県内13台目となるとくし丸が、来年1月に開業決定。そうそう、同時期、岡山の「天満屋ストア」でも、開業が決まっている。

さて、このペースで、どこまで伸びるか。このペースに、どこまで付いて行けるか。いや、さらにペースアップするであろう、この「広がり」に、僕は振り落とされることなく耐えられるのだろうか。

もちろん、耐えねば、ならぬ。

## 10月8日

数年ぶりに連絡のあった、西日本出版社の内山さん。僕の唯一の単行本『あわわのあはは』を世に出してくれた出版社の代表である。久しぶりに徳島で、一緒にお酒をいただいた。コダワリの本を出し続けている、今のセケンには貴重な人である。

その後、いつものコースで「寅家」へ。そこで、これまた久しぶりに、BOBサーフショップの新居さんに会う。一緒に、加川良、西岡恭蔵さんを、ヘタなギターで弾かせていただく。そして、ずーーっと訊こうと思ってた質問をひとつ。「サーフィンは、前のめりか、後ろののめりか?」

初心者は「前のめり」、上級者になると「後ろのめり」、だそーである。

これはミュージシャンの春雨師匠も同じよーなことを言っていた。ウマくなるほどに、0・0数秒遅らせることで、グッと聴く人を引き込む。ビミョーにずらせることが、魅力になってくる、のである（だったと、思う）。

ビジネスも、ドーヨーだと感じていた。創業当初は「前のめり」に売り込んでいた。でも、そろそろとくし丸は「後ろのめり」にシフトしてもいいのではないか。別に「モッタイをつける」という意味ではない。

ほんの少しだけ、0・0数秒というビミョーな「ズレ」を生み出すことで、よりとくし丸は魅力あるソンザイになるのではないか。

ニュアンス、である。驕っているわけでは、決してない。この、言葉では説明し難い、ほんの「ワズカナ」コントロールが、ビジネスの世界でも効果を現すのだ。と、思う、たぶん。

これからとくし丸は、「後ろのめり」を意識する、ことに、する。訊けて、良かった。

## 10月23日

先週土曜日、福岡へ出向いて、地元のスーパー経営者にとくし丸の事業説明。導入に向けて、真剣に検討していただけることに。

その夜、10年ぶりとなるタウン誌時代の同窓会を中洲で。愛媛の佐藤さん、岡山の永井さん、福岡の緒方さん、大久保さん、大分の速水さん、熊本の白石さん、香川の田尾さん、そして関係者のひとり、山田さん。僕を含めた総勢9名が集まった。皆さん、各タウン誌の社長だったり、編集長だったりをやってきた人たち。いや〜、懐かしかった。楽しかった。飲み過ぎた〜。

次の日、福島市へ移動。その夜、取材で入っていた徳島新聞の記者・門田さん、四国放送のディレクター・芝田さんと、飲む。

翌20日は、とくし丸開業に立ち会い、販売現場をレンタカーで追いかける。無事、好調なスタートとなった。

翌日、東京へ移動し、今年7月に開業した新宿のスーパー・丸正へ。飯塚社長、販売担当のスタッフの方々を交えて、この3ヶ月の振り返りと、今後の進め方についてミーティング。で、それを済ませた後、東京の友人と、飲む。

次の日、23日に開業予定の・文化堂に伺い、開業前の準備に立ち会う。結構遅くまでかかったものだから、終了後、文化堂社員の方を交えて、飲む。

で、今日。文化堂も無事に開業。しかも好調な出だし。ソレを確認してから、飛行機に乗って、何とか徳島へ。都合6日間の長旅であった。

ま、それにしても、よく飲んでるな〜、と、ちょっと、ハンセー。

## 10月28日

もう1ヶ月以上も前になるけど、1号車担当の松原君が、販売中に訪問したおばあちゃんのところで、アヤシイ電話に遭遇した。何やら「小判を買わないか」という、文句なしにヤバイ内容。で、これは「心配だ」となって、徳島県警本部に連絡を入れた。

で、先週。この通報が、高齢者への詐欺被害を未然に防いだということで、お褒めをいただくことに。お礼状と記念品が、松原君の元に届いたのである。

いや〜、なんか、ほんと、ウレシイ〜。松原君をはじめとする販売パートナーのみんなは、ごく自然に、日常的行為として、見守り役になっている。

「そんなオオゲサなことをしたわけじゃないですよ〜」と、大テレの松原君。それがさらに彼の人の良さを強調する。カッコいいぞ〜。

この他にも、いろんな内容の通報を、今年だけでも数十件は行っている。とくし丸は確実に、皆さんのお役に立てるソンザイになってきている。

## 加速度がついたとくし丸

**11月1日**

ピクリとも動かなかった大きな車輪を、シツコク、アキラメズ、メゲズニ押し続けていたら、ある時「アレッ?」って感じる瞬間がくる。

そしたら、いつの間にか車輪の動きが徐々に、ほんの少しずつではあるけれど、確実に動き出していることに気づく。

「あ〜、動くんだ」とウレシク思っていたら、今度はそのスピードが、自分の予測を上回って動き出す。

「いやいや、ちょっと待ってよ」と思う間もなく、その動きは自分のソーゾーを遥かに超えて進み出す。

こーなると、もはや自分のチカラでは止められない。振り落とされないようにシガミツクのが、セーイッパイ。

と、まさに、そんなシンキョー。

昨日、今日と、フェリーに乗って和歌山へ。スーパー「サンキョー」との契約のため。これで直契約は、7社目。

さらに毎日のように、全国のスーパー経営者から問い合わせが入ってくる。視察も、ほぼ毎週1社以上のペースで。

とくし丸は、間違いなく、徳島を飛び出した。

## 11月7日

数ヶ月前から、阿南市椿泊《つばきどまり》をとくし丸が走っている。クルマ1台が、やっとのことで通れる細い道が、数キロにわたって続く独特の町。右側に1列家が並び、その向こうは、海。左側にも1列家が並び、その向こうは、山。そんな印象の町並みだ。

そこにある椿泊小学校のセンセイから「とくし丸を子供たちに見せたい」という連絡が1ヶ月くらい前に入った。もちろんOK、である。さっそく、10号車を担当している森茂樹さんに訪問してもらった。

で、つい先日、その時のことを生徒の皆さんが「壁新聞」にまとめたというお話を聞きつけ、「コレはぜひとも見せていただかねば」となったのである。

海沿いに建つ椿泊小学校は、全校生徒十数人という、なんともノドカでホンワカした素敵なガッコウだった。本当に、のびのびとした「すこやかな子」たちが育つだろうな、と思う。

そして、壁新聞を作ってくれたのは、小学校3年生の生徒さん。全員女子の、3人から、中身の濃い説明を受けて、ちょっと、カンドー。

テレビや新聞、雑誌に、とくし丸が紹介されるのはもちろんウレシイことだけど、ソレとはまた違ったヨロコビを与えてくれた「椿泊小学校の壁新聞」であった。

## 11月9日

今日、徹夜明けの弾丸取材とかで、テレビ東京のディレクター（20代の若いジョシ）が徳島入り。何でも、3日後の「ワールドビジネスサテライト」で、とくし丸を取り上げてくれるとのこと。

昨日、東京新宿で開業している「丸正」での取材を済ませ、一睡もせずに飛行機に飛び乗っての徳島取材、らしい。

大切な休日ではあるけれど、ここまで聞けば受けて立たないわけにもいくまい。朝からとくし丸事務所で待ち合わせ、数時間にわたってインタビューを受ける。その後、昼飯を一緒にいただき、キョーエイのお店を案内。

そのまま、「とんぼ返り」だというので、せっかくだから徳島名物「フィッシュカツ」と「大野のり」を店頭で購入し、お土産に差し上げた。

## 11月14日

ほぼ、ボランティア、募集。「ぼ」で韻を踏んでいるから、こー書いたわけでは、決してない。切実に、求めているのである。

全国で、次々にとくし丸が走り始めると、いろいろ細かな情報を伝えることがとても大切になってくる。

そのノウハウともいうべき情報を、時には言葉や文字で、あるいは図形や写真でお届けする。そうすることで、とくし丸のブランドを、いかに維持していこうかと考えているのだ。

が、言葉でも、文字でも、図形でも、写真でも伝えきれない情報がある。で、どーしたものかと思案した結果、これは、やはり、映像しかないな、ということになった。

が、現在のとくし丸には、そのノーリョクがない。なら、どこかでチョータツするしかない。しかも、映像制作にかけられるほどの予算はない。ので、「ほぼ、ボランティア、募集」なのである。

どなたか、「協力してやろう」という方はいないものか？　面白がって作ってくれる方はいないだろうか？

もちろん、ノーギャラでとは考えていない。メシぐらいは、おごる。が、ボランティアといえども、センスは求める（何とも、身勝手な条件で、申し訳ない）。

モノは、とくし丸の販売現場に必要な、商品陳列の方法や、トラックの取扱注意点、商品ピッキングの効率的やり方等、数分の動画を数バージョン制作していただきたい。

若干1名、もしくは、1グループ、募集。

## 11月26日

創業から、ず〜っととくし丸を追いかけてくれている四国放送が、次々と番組で取り上げてくれることになった。しかも、そのスケジュールには、大晦日の12月31日なんて日まで含まれている。ただただ、スゲェ〜。そして、感謝。

◎フォーカス徳島特集「とくし丸・福島開業編」

◎ゴジカル特集「とくし丸」

女性販売員の活躍、椿泊小学校と親子販売員、大学が見学、等を紹介予定。

◎JRTスペシャル「買い物弱者を救え　移動スーパーとくし丸③（仮題）」

東京丸正から福島、ブルーチップ、徳島その後等を予定

◎NNNドキュメント14「おばあちゃんのコンシェルジュ」（再放送）

さらに、12月1週目「フォーカス徳島」での特集第二弾も予定されているらしいけど、選挙特集との兼ね合いで、今のところ日時未定。

## 11月28日

ネット社会は、たまに「オドロキ」を運んでくる。何気なく辿っていったその先に、「えのきどいちろう」さんのコラムを発見。読んでみると、この5月には徳島に来ていたらしく、「は

やしのお好み焼き」を食べて帰ったという。しかも、僕のことまで書いているではないか。なら、連絡くらいくれればよかったのに。

彼と知り合ったのは、もう20年以上前のこと。当時、コラムニストとして売り出し中のえのきどさんに「あわわ」で連載してもらっていた。そして、僕が「反原発」になるキッカケを作ってくれたのも、彼だった。広瀬隆さんの『危険な話』を「あわわ」で紹介してくれたのだ。

さっそく連絡先を探してメールを送ったら、さっき本人から電話がかかってきた。本当〜に、久しぶり。元気そーで、何よりだ。

今度、東京に出かけた時は、必ず飲みに行く。

## 見過ごせない原発問題

**12月2日**

今、原発がどんな状態にあるのか。解決の糸口さえ見えない事態に陥っているにもかかわらず、自民党は「原発再稼働」だという。ほとんど「狂気の沙汰」である。

メディアも合わせて「景気対策」を口にするけど、今、原発事故の被災地はいったいどうなっている。景気とか経済とかがぶっ飛んでしまうのが、原発事故だ。人が「暮らせる環境」があってこその、経済であり景気なのだ。
さらに、集団的自衛権、憲法問題、他にもいろいろあるけれど、とにかくこのまま自民党にいいようにされてはたまらない。

「主権在民」。主たる権利は、国民にある。決して、初めから安倍さんが権力を持っていた訳ではない。彼に権力を与えたのは、紛れもない、有権者だ。前の選挙で自民党に投票する人が多かったからに過ぎない。

主たる権利を保有する有権者は、安倍さんの権利を剥奪するチカラをも持っている。今回の選挙で、自民党に投票さえしなければいいのだ。そうすれば、簡単に安倍さんは総理の座から引きずり落とされることになる。

自公圧勝、などとマスコミは馬鹿げたことを言っているけど、どこに投票するか決めていない人たちが圧倒的に多い。その「どこにしようか」迷っている有権者が、自民党に投票さえしなければ、状況は一変する。

「棄権」は「危険」でもある。主たる権利を持つ、僕たち有権者が、消極的投票だったとしても、棄権することなく投票に行けば、世の中は変えられる。

その数少ないチャンスを、今僕たちは迎えている。原発を止められる可能性を、少しでも引き寄せるためにも。後で文句を言う前にとにかく、投票に、行こう。

## 12月17日

２０１５年１月、牟岐町・美波町で、とくし丸13号車が開業。２月には、鳴門市で14号車開業。さらに３月、阿南市で15号車が開業。ってことは、年明けから３ヶ月レンゾクカイギョウ、となる。

なもんだから、ここのところず――っと、お客さんを探して「歩き」である。今日も、時たま降ってくる雪に震えながら、鳴門市内をただひたすら、歩く。もちろん、予想気温４度の明日も、歩く。

今年７月に森10号車、９月に鈴江11号車、11月に武西12号車と、２ヶ月に１台のペースで開業をこなしてきたけど、さらにスピードアップしてきている。が、もはや、それもゲンカイである。これ以上は、物理的に、ムリ。

なのに、１月に岡山の「天満屋ストア」でオープンさせ、２月に和歌山の「サンキョー」で開業。１ヶ月空けて、４月には今治市の「波止浜スーパー」と、秋田の「よねや」と続く。

もっと言うなら、とくし丸開業希望の県外スーパーが、この後もイッパイイッパイ控えている。

さぁ、みんなで、歩こう。

## 12月21日

昨日、流石の大雨のため、事務所でデスクワーク。で、前から追加しようしようと思っていたマニュアル原稿を仕上げる。コレ←だ。

とくし丸は

売りすぎません、捨てさせません。

売上を上げることはとても大切なことですが、でも決して「売り過ぎる」ことだけはしないよう心がけています。大切なお客さんが、買い過ぎて、食べきれなくて、賞味期限を切らせて、食品を「捨ててしまう」。そんなことだけは、絶対にさせないように。

だから、「どうですか?」「買いませんか?」等の表現は禁句です。「今日は、コレを持ってきてますよ」「コレが美味しいですよ」という情報をお届けするだけにしています。

お客さんと末永く信頼関係を保つためにも、「売り過ぎない」ことは、とても重要なポイントです。3日前に買ったはずなのに、また買おうとする場合、まだ残ってないかをちゃんとチェックして、場合によっては「売り止め」することすらあり得ます。その行為が、長期的には、我々の売上アップに繋がって行くのです。

## 12月30日

フリカエリ＋コレカラ

２０１２年の初年から、乾いた固い土壌を、少しずつほんの少しずつ耕し続けた。

２０１３年の２年目は、種を蒔いて水と栄養分を補給し続けた。

２０１４年の今年、やっと芽が出て、何とか苗木を分けるまでに辿り着いた。

さて、来年２０１５年は。

全国のアチコチの土壌に苗木が根を張り、しっかりした幹が育ち、葉が繁り、実をつけることになるだろう。そして、徳島で育った苗木は、さらにたくさんの土地にもらわれていくことになる。

# 第4章
## ——2015年——
## 石の上にも3年

## 慎重に、丁寧に

**1月13日**

昨日、今日と、岡山のスーパー・天満屋ストアへ。とくし丸の出発式に立ち会うため。地元テレビ局4社、新聞社1社が取材に来てくれて、今日の夕方のTVニュースで、さっそく流されていたようだ。アリガタイ。

で、話は少々変わるけど……。瀬戸大橋を渡るたびに目を奪われるのが、両サイドに並ぶ街灯が創り出す連続美、あるいは曲線美。ちょうどライト部分を覆うシェードが、ひとつの「点」になって、それが実に美しく連続する。

たぶん、街灯と街灯の間隔が、他よりも圧倒的に短いために起こる現象なのだと思うけど。ひとつだけぽつんと立っているのなら、何とも思わないだろうに。それがコレだけ続けて並ぶと、ただただオミゴト。

そこで、思う。

とくし丸も、コレに共通するものを感じる。ひとつずつは小さなビジネスだけれど、それが数十、数百、数千と集まると、きっとミゴトな美しさを形成するはずだ。ただし、ソレはあくまで有機的に繋がり合って、はじめて「美」となり得る。

1社ずつ、1台ずつ、丁寧に開業させていこう。美しい「とくし丸」となるために。

## 1月15日

とくし丸に関わっていると、とてもホホエマしい話に出逢う。コレが仕事を通して出てくるのだから、本当に「アリガタイオシゴト」だと、つくづく感じる。

今回紹介するのは、阿南方面を走っている、10号車の森茂樹さんからの報告。

お客さんから手編みの帽子をプレゼントされました！
「寒いけん、しっかりかぶっときよ！」と、言われ感動したので一緒に記念撮影しました！

いや、もう、ほんとに、アリガトウ、である。今時、誰が「手編み」してくれますか？　どんなブランド品よりも素敵な帽子である。今日も、雨、風、ともに強く、現場は大変な状況だったけど、販売パートナーの皆さんは、こんな場面に出会えることを知っているから、頑張れるのだ。

彼らのためにも、明日も、歩こう。

## 1月19日

牟岐町と美波町で、県内13台目となるとくし丸が本日開業。パチパチパチパチ。

販売パートナーとして活躍してくれるのは、東京からUターンして帰ってきてくれた柿原成年さん、58歳。つい最近まで、東京日本橋にある事務所で、店舗設計のお仕事をされていた方だ。

スーパー・オオキタの牟岐店で、朝から出発式。牟岐町長の福井さんも出席してもらい、みんなでテープカットを行って、いざ、シュッパツ。

なんと、初日にもかかわらず、今日の売上、8万6755円という、キョーイ的な数字であった。それだけ「待っててくれる」お客さんが多かったということだろう。いや、本当に「始めて良かった」。

正直、当初は人口が少ないので、果たして事業として成立するのか、とても不安だった。が、やはり「やってみなければ分からない」。

もちろん、まだ始まったばかりだから、コレからが本番ではあるのだけれど、間違いなく、地元の皆さんに喜んでいただけるとくし丸になるはずだ。

1台ごと、慎重に、丁寧に、そして自信と勇気を持って、進めていこう。

■1月27日■

先週、スタートした柿原13号車の売上が、ゼッコーチョウなのである。で、拠点となるスーパー・オオキタの担当者・福山さんから、こんなメールをいただいた。

とくし丸が通る道で、地面に座って待っててていただいたおばちゃん。10分後に訪問するのに車の後を走って追っかけてきたばあちゃん。耳が不自由（筆談）で、寝間まで迎えに行き手をつないで送り迎えをさせていただいた赤松のおばあちゃん（涙がでました）。数えきれない程「ありがとう」の感謝の言葉をいただいた方々に、なにより感謝いたします。こんなに感謝されたのは生まれて初めての経験です……。福山昭仁54才。始めて本当に良かったです。

「始めて良かった」と思うのは、僕の方です。本当に、アリガタイ。

■1月29日■

イロイロ、サットウ。と、まではいかないが、ちょっと「そんな感じ」になってきている。

ココ最近でも、地元メディア以外に、読売新聞（大阪）、日経新聞（東京／1月30日付けの日経MJ1面予定）。雑誌系では、「ビッグトゥモロウ」、「ビッグイシュー」、「女性セブン」。TVでは、山陽放送、テレビ東京から取材依頼が入った。

数週間前には、農水省の公聴会に呼ばれ、意見陳述。その後、経産省からヒアリング。来週明けには、財務省のヤクニンが「お話をお伺いに」やってくる。そういえば、流通科学大と専修大のセンセイが視察に来たりもした。

食品メーカーからは、サンプリング調査依頼がゾクゾク続き、3月には食品メーカー約40社が集まる勉強会（東京）で講演をさせていただく予定。

が、とにかく。周りがどんなに変化しようが、基本を変えてはならない。常に地道に、少しずつ、とくし丸を前に進めて行く。

## 【2月4日】

2月2日に、鳴門市で宮本14号車が、開業。宮本恵さんは、徳島では2人目となる、女性販売パートナーである。今日まで3日間、村上君が彼女の助手席に乗って、販売サポート。で、僕はというと、3月2日に阿南市で開業予定の、森Jr.15号車の需要調査のために、歩き。

なぜ「森」の後ろに「Jr.」がくっ付くかとゆーと、彼は昨年7月から阿南市内を走っている10号車の、森茂樹さんの息子、なのである。とくし丸初の「親子でとくし丸」なのだ。

世界では、胸が締め付けられそうな事態が数多く起こっているけど。安倍さんは、憲法9条をドサクサ紛れに本気で変えようとしているけど。

僕たちの日々は、何があろうと流れていく。毎日の暮らしをこなしながら、でも、やっぱり何かをしなければと、気持ちだけが空回りする。

明日は、宮本14号車の販売サポートで、僕が助手席に乗る。販売先のおばあちゃんたちに、少し癒してもらおう。

## 2月10日

徳島→松山→今治→徳島、とゆールートで、2泊3日の旅。先日契約を済ませた松山のスーパー「セブンスター」へ出向き、とくし丸のマニュアル説明と、今後のスケジュール確認。この間、テレビ東京の某番組にミッチャク取材される。

こちらのスーパーの関連会社は、あの「一六タルト」で有名な「一六本舗」。ってことは、俳優であり映画監督でもある、伊丹十三さんの関係会社ということでもある。案の定、本社のすぐ隣に、「伊丹十三記念館」があった。

わざわざ前日入りした理由の大きなひとつが、この記念館を訪問することだった。朝一番のオープン直後に入館し、じっくり伊丹十三さんを観させていただく。で、彼の父、伊丹万作さんの「戦争責任者の問題」は、今こそココロして読むべき文章である（ネットで検索するとすぐに出てくるので、ぜひ読んでみてほしい）。

そして昨日、今治入り。今日は4月開業を目指す「波止浜スーパー」の方々と一緒に、今治市内を歩く。寒い中ではあったけど、徳島と同じように「待っててくれるおばあちゃんたち」に出逢った。

ほんと、どちらも訪問して、よかった。

## 「罪」を最小限に

**2月11日**

とくし丸の売上が上がる。そして、台数が増える。徳島県内の売上だけで、すでに月額2000万円を軽く超えている。スバラシイ。それだけ「買い物に困った」というおばあちゃんたちにも、喜ばれているということだ。

が、コレは決して徳島県内の「食べる量」が増えているという訳ではない。おばあちゃんたちが、どこかで手に入れていた食べ物を、とくし丸で買うようになったということに過ぎない。

であるなら、そのどこかで「買っていた」食べ物は、その分どこかで「売れなくなった」ということに他ならない。

ビジネスは、とてもシビアで、冷徹だ。「功」を目指して起こしたビジネスだったとしても、その陰には必ず「罪」が存在する。「100%功」のビジネスなど、この世にあるはずがない。どこかの誰かにとっては、実に「いい迷惑」な行為なのである。

その「罪」の部分を、いかに少なくするかという意味も込めて「半径300メートルのルール」を導入している。街中に存在する個人商店の、半径300メートルには需要調査に入らない、という決めごとだ。

もちろん、全国チェーンや大手資本のお店に気を遣うつもりはさらさらない。あくまで、個人商店に対してだ。それでも、やっぱり「ゲンカイ」はある。果たしてどこまでの気遣いをすべきなのか。

「功」の部分を最大限にし、「罪」の部分を最小限に抑える。その気持ちだけはしっかり持ってビジネスを進めようと思っている。でも、結局「罪」は「ゼロ」にはならないのが、これまた、ビジネスの世界なのである。

## 2月22日

ココ最近、ずっと気持ちの隅に突き刺さっていることがある。とある地域で、聞いた話。「とくし丸が、この辺りに来出したら、ワタシら商売止めなアカンようになるな」というおばあちゃんがいたという。お魚を車に積んで、いわゆる行商をしている方らしい。お歳は70歳を過ぎているとか。

いったい僕は何をしているのか。「買い物難民をサポートする」とかなんとか、エラそーなことを口にしながら、一方でこういう方々を生み出している。可能な限りの気遣いをしていたつもりだけれど、僕のやってることとのゲンジツだ。

人は、時代は、歴史は、常に誰かを犠牲にしながら積み重ねられていく。生きるということは「キレイゴト」ではない。もちろん、今からとくし丸を止める訳にはいかない。すでにたくさんの人たちを巻き込んでしまっている。

だからこそ、この事業を軌道に乗せなければならない。せめて、結果を出さなければいけない。たとえ「罪作り」なことを仕出かしたとしても、誰かに「あって良かった」と言っていただける存在にならなければ、申し訳がない。

誰からも「慰めの言葉」はいらない。コレは、自分へのイマシメとして書き残しておくことだから。

## 2月26日

3週間くらい前から、テレビ東京のスタッフがず～っと取材に入っていた。今春開業予定の、松山市のスーパー・セブンスターでの打ち合わせ風景。先日、開業した和歌山市のスーパー・サンキョーでの出発式。もちろん、徳島での販売現場や、事務所でのインタビューも。

そしてトドメは、昨日の東京でのロケ。ほんの数分間、流れるであろう映像を収録するために。新宿のスーパー・丸正の事務所前で、進行役を務める江口洋介さんとのヤリトリを撮影。とくし丸の車両に商品をたっぷり積んだ状態を江口さんに紹介する、という設定だった。

「ガイアの夜明け」で紹介されることで、とくし丸にさらなる「夜明け」が来ればいいのだけれど。

## 3月2日

ココのところ、あまりにもバタバタしてて忘れていたけど、3年前の2月20日、徳島で初めてとくし丸が走り出したのであった。そう、気づいたら、営業開始からちょうど丸3年が経ったわけだ。

先人は「石の上にも3年」と仰ったが、ほんと～にそーだな～、とツクヅク感じる。まさに3年、よくぞ途中で投げ出さず、ココまで辿り着いたものだ。ショージキ最初の1年は、「もはや、コレまで」と幾度となく考えた。

もう3年。やっと3年。まだ3年。早くも3年。いろんな想いをナイマゼにしながら、次のステージを目指して行こう。

## 3月8日

イメージの話、である。立体ジグソーパズルを、下からひとつずつ、あーでもない、こーでもないと、悩み、苦しみ、のたうち回りながら、積み上げていく。出来上がってみると「な～んだ、こんなものか」と思うのだけれど、それはあくまで仕上がってから言えること。

とくし丸の事業は、決して特別なコトをやっている訳ではないけれど、まさに立体ジグソーパズルのように、ひとつずつのピースを、時間と労力と、手間ひまかけて積み上げてきたものだ。だから、誰かが見よう見まねで後追いしてきたとしても、そうヤスヤスとココまで辿り着くことはできないはず。例えモノマネをされたとしても、ひとつのピースが噛み合ないことで、そのカタチはガタガタと崩れさってしまうことになる。

もちろんまだ、今のとくし丸は「完成」には至っていない。でも、何となくその全貌は見えつつある。山登りに例えるなら、まだまだ3合目辺り。これからが、まさに本番だ。

さらにひとつずつの小さなピースを、丁寧に、慎重に、積み重ねていこう。先に進むためには、ソレしか方法はないのだから。

## とくし丸の強み

### 3月23日

先週木曜日、19日。「流通経済研究所」主催のセミナーで講演。有名メーカーが数十社集まるこの会で、とくし丸の話をさせていただく。

僕は、とくし丸を単なる移動スーパーだけに終わらせるつもりはない。ちょっとオオゲサかも知れないが、あらゆる「窓口」機能を持つ、インフラに、さらに言えばメディアに、育てたいと思っているのだ。

そのひとつが、マーケティング・リサーチ。若い人に対するマーケティング手法はいろいろあるが、お年寄り相手にはなかなかチャンネルが存在しない。ネット、電話、街頭インタビュー、訪問アンケート……、どれもひとつ間違えばアヤシイ雰囲気を醸し出す。

が、コレをとくし丸が請け負うと、難なくこなせる。しかもその中身は、各メーカーが喉から手が出るほど欲しい「ホンネ」の声なのだ。もちろんソコには「80歳前後のおばあちゃんのホンネ」という注釈がつくのだけれど。が、コレもまた、今後明らかに魅力ある市場として捉えられている層なのだ。

例えば、食品メーカーのサンプリング調査。実は、すでに何度も実績を積み上げてきている。大塚製薬、ネスレ、ＡＧＦ、そして来月は、キユーピー。食品のサンプリング調査は、とくし丸にはモッテコイの仕事なのだ。

翌20日は「商人舎」の代表・結城義晴さんにお会いして、インタビューを受ける。価値観が合うのか、波長が合うのか、気がつけば2時間以上も話し込んでいた。

前夜、久しぶりに会った、コラムニストのえのきどいちろうさんと（どこまでが名前か分かりにくい）、カメラマンの吉川君の３人で、結構酔っぱらってしまっていたのだけれど、結城さんとのご縁も大切にしよう。

## 4月1日

1年前の今日、僕は京都にいた。そして、ちょうど1年経った今日、僕は再び京都にいた。スーパー・フクヤが、とくし丸を全国で初めて導入してくれた日から1年後に、５台目の出発式を行うべく、僕を招待してくれたのだ。

まだまだ海のものとも山のものとも分からないとくし丸を、リスクを顧みず全国に先駆けて導入してくれたフクヤの皆さんに、心から感謝したい。しかも、１年で5台まで増やしていただいた。
もはや導入期は、過ぎた。成長期の入口も、過ぎた。明らかに成長曲線の前半に突入している。4月だけで、増車が5台。5月は、さらにコレを上回るはずである。
年内に100台超えは、まんざら「オオブロシキ」でもなくなってきた。
4月1日　京都「フクヤ」5号車
4月6日　秋田「よねや」1号車
4月13日　愛媛「波止浜スーパー」1号車
4月16日　静岡「サンゼン」1号車
4月27日　徳島県内16号車

## 4月7日

久しぶりに、ほんと〜に、久しぶりに、ギターを買った。22歳の時、LAに到着して1週間後に、ハリウッド・ギター・センターで、持ち金の半分をはたいて買ったマーチンD-28。確か500ドルくらいしたはずだ。当時はまだ、1ドル=260円くらいだったと記憶する。それからまだ約1年は、LAで生活をすることになるのに……。アホ、である。

にもかかわらず、コレがまた、あまり音がヨロシクないのだ。ブランド名に惑わされると、こんなことになってしまうとゆー、典型だ。それでも僕にとっては、記念の大切なマーチンなのだけど。

で、昨日買ったギターは、3万円台。4万円出して、まだ数千円おつりがあった。でも、マーチンよりも格段に弾きやすい。そして音も、良い。最近のギターは、スゴイ。チューナーまで内蔵している。

明日は、3年ぶりの171SIZE（171歳ズ）の練習日である。バンド名は、同級生メンバー3人の年齢を合計していくため、毎年3回、名前が変わるという、スバラシイネーミングなのである。

この忙しいサナカ、何をやってるのか、と自分でも思うけど、ま、こーゆーことも、ジンセーには必要なのだ。

## 業界の素人のままで

**4月24日**

移動スーパーをやっていながら、スーパーマーケット業界のことをほとんど知らない（知らなかった）。なもので、SM（エスエム、スーパーマーケットのことを業界ではこう呼ぶらしい）

関係の雑誌が何誌も存在していることも、トーゼン知らなかった。

この前出たのは「チェーンストアエイジ」。今出ているのは「月刊商人舎」。昨日、取材を受けた「商業界」。続いて今日インタビューされた「激流」。

どれもSM、あるいは流通関係の雑誌であるらしい。「商人舎」なんて、10ページ以上にわたる特集を組んでくれている。僕もその昔、雑誌を作っていた時期があるので出版ギョーカイのことなら、ちょっとは分かるつもりだ。

ってことは、10ページを超える特集をやってくれるということは、とてもコーエイなことなのである。しかも、ここのところゾクゾクと取材依頼をいただいている。それだけSM業界で、とくし丸がチューモクを集め始めたというアカシなのかも知れない。アリガタイ。

でも、よくよく考えると、SM業界の方々からすれば、僕の存在はほとんど異端児のようなもの。シロート故の、価値観の差、視点のズレが、「アタラシサ」を生み出しているのか……。ならば、このまま、しばらく、シロートで、いよう。

## 4月30日

梁《やん》石日《そぎる》さんが書いた小説『闇の子供たち』に衝撃を受ける。そして更に、その解説にガツンとヤラレル。

かつて私たちは、自分が豊かになることについて、なにがしかの罪悪感を持っていた。その罪悪感は、二つの気分から成っていた。一つは、「自分だけが豊かになってしまって」という気分。もうひとつは、「他人を踏み台にして手に入れた豊かさ」という気分だ。そして、この両者は分ちがたく結びついている。

永江朗

小説の解説が、ここまで気持ちの中に残ることは、今まで経験したことがなかった。でも、ずっとモヤモヤしていたものが、「コレかっ」と分かったよーな気がして、ワシヅカミにされてしまった。

京セラの稲盛和夫さんもいいけれど、やはり僕は、生協設立に重要な役割を果たした賀川豊彦さんに、よりキョーカンを覚えるのである。

## 6月4日

昨日、毎日放送の人気TV番組「ちちんぷいぷい」で、とくし丸が紹介された。そしたら、放送直後から、電話、メールがどんどん届く。僕を含めてもスタッフ3人の、チョー零細組織なものだから、プチパニックに陥るハメに。メディアのチカラ、恐るべし、である。

で、今日も引き続き、電話、メールが続いていたのだが。その中に、かつて僕が出版社をやっていた時にお付き合いのあった、大阪のカメラマン・高山さんからのメールが含まれていた。忘れもしない。高山さんには、当時デビューしたばかりの高校生モデル、本上まなみちゃんを撮影してもらったのである。そー、今や女優となっているアノ、本上まなみ、である。徳島の貸衣装店「ときわ」の広告用写真を撮るためだった。いや、今も美人であるが、その時は、さすがにカワイ過ぎて、一歩ノケゾッタのを覚えている。

ま、とにかく、本当〜に、久しぶり。さっそく高山さんとフェイスブックで繋がった。で、彼のページを覗いてみると、イヤハヤ、サスガ、今もセンスの良い作品を作り続けているようだ。ちちんぷいぷい。耳障りのいいジュモンのようなこの番組が、懐かしいご縁をまた繋げてくれた。

## 今年中に100台なるか

**6月9日**

かつて、本田宗一郎さんは、ミカン箱に上がって社員十数人の前で「世界のホンダになる」

と宣言したらしい。大塚製薬の大塚正士さんは、やはり社員十数人の時、「１万人の会社にしよう」と考えたという。ジャストシステムの浮川和宣さんも、これまた社員十数人の頃、「シリコンバレーを制覇する」と言っていた。

でも、彼らは決して、根拠なく口にしていたのではない、と思う。そうなる、なりたい、そして、そうなるはずだと、確信を持っていたのだ、きっと。

たぶん、おそらく、いや必ず……。とくし丸は、全国で１０００台を超えるだろう。

来月、徳島県で18号車が開業する。県下で30台は、間違いなく需要がある。徳島の市場規模は、常に全国の０・７％くらいだと言われている。ならば、ざっくり１％だとしても、３０００台という計算が成り立つ。

現時点で、とくし丸は全国50台を超えている。今年中には１００台も狙えないことはない。なら、来年末は３００台。再来年末となれば、１０００台も夢ではない。

なぜなら、台数はかけ算で増えていくから。スーパーの契約社数は、現在25社。今年中40〜50社になるはずだ。そして、この契約各社が、それぞれ１年で、各３〜５台のペースで台数を増やしてくる。

来年中に１００社を超えるスーパーと契約できていれば、充分１０００台という数字が見えてくる。……のでは、あるまいか。

最近、もーほんと、プレッシャーに押しつぶされそーになる。先人の、偉大な経営者たちが、いかにタフであったかを思い知らされる。

## 6月22日

変わるモノ、変えるべきモノ、変えてはいけないモノ。

時代は、変わる。誰も止められないモノだ。そして、その時代に合わせて、変えるべきモノがある。でも逆に、変えてはいけないモノもある。

変わるモノは、時間。変えるべきモノは、例えばNHKを守る放送法。変えてはいけないモノは、憲法9条。

国会が延長されるらしい。どうやら数のチカラで安保法制とやらをムリヤリ通そうとしているようだ。が、そのムリヤリできる環境を作ったのは、この前の選挙で自民党を勝たせた日本の有権者だ。

戦争絶滅受合法案(こうしたら、世界から戦争がなくなる法案)、というのがある。20世紀当初、デンマークのフリッツ・ホルム陸軍大将が提唱したらしい。

「戦争がはじまったら、いのいちばんに、国家元首、総理大臣をはじめ戦争に賛成した地位のある公職者と宗教者を最前線に送れ、さらにその女性親族は、最も砲火に近い野戦病院に勤務させよ」というものだ。

トッピョウシもない「案」のようだけど、とても本質を突いていると思う。いつの時代も、権力者たちは、自己の利益のために国民を犠牲にして戦争を起こしてしまう。

コレは、原発にも当てはまる。事故が起こったら、まず電力会社の社長から率先して、事故現場に出向き、事故処理に当たることを基本ルールにすれば、原発はストップする。というのと同じ。

## 6月27日

徳島県南部で提携しているスーパー・オオキタの福山さんから、ウレシイメールをいただいた。とくし丸の売上が、店舗売上の数%を占めるまでに伸びてきたというのだ。

しかも、売上だけではなく、とくし丸導入による、思わぬ効果が生まれたという。イヤハヤ、ナントも、ウレシイ限り、である。

数値貢献は勿論ですが、何より嬉しい事と収穫は、店舗の全社員が商いの原点を肌で感じ、実行出来たことが良い業績に繋がりました。

私は、「商いは人なり」と信じて、流通業界を長年やってきましたが、このとくし丸事業で確信しました。

先日から新規で、美波コース集合ポイントに来ていただいている足が非常に不自由で車の入れないお宅のNさんは、「今日は雨降りなので少しも歩けないので遠慮します」との声に対して、家に伺って注文をいただき3往復……本当に感謝されました。

また、本日より新規の牟岐コースUさんは、柿原号開業と同時期に「圧迫骨折」で入院して、つい最近退院したそうです。入院まではオオキタ牟岐店に毎日通っていただいたお客様です。そのお客様が突然姿が見えなくなったので皆で心配していました。

そのUさんは、昨日とくし丸の存在を知り、連絡をいただきました。オオキタ牟岐店から距離200mのお宅ですが来れません！　今日からは、そのお客様へ今までの感謝を込めて「恩返し」です。

とくし丸が通ると小学生、幼稚園児、そのお母さんたちが笑顔で手を振ってくれます。「商いは人なり」……とくし丸柿原号は素晴らしく信頼されています。これからも一緒に美味い酒を飲みましょう！


って、結局最後は「酒を飲みましょう！」で締めくくるあたり、さすが福山さんらしい。オオキタで、とくし丸の販売パートナーを担当している柿原さんと2人、本当にいいコンビだ。

もちろん、2人とも、そーとーの大酒飲み、である。

## 地域のことは、地域で解決する

**7月1日**

昨日で、藍住《あいずみ》南、大麻《おおあさ》方面を担当していた鈴江11号車がシューリョーとなった。もちろんお客さんに迷惑のかからないよう、新・鳥取11号車への引き継ぎを行った上での話である。ってことで、今日から鳥取久孝さんが、鈴江君の後を受けて開業とあいなった。パチパチパチ。オメデト。

鳥取さんは、本当に人の良さそーな、いや、ジジツ人の良い、温厚な方である。鈴江君の後を安心してお願いできるのだ。

で、それじゃ、辞めた鈴江君はどうなるのかというと、株式会社とくし丸のシャインとなったのであった。

僕を含めても3名という、チョージャクショー組織が、今日から4名になったのだ。分母が小さいだけに、これはスゴイぞ、……たぶん。

ミニマムな組織で、スイミーの話のような、地域スーパー連合を、目指す。本部だけが利益を吸い上げる仕組みではなく、やった人たちがやった分だけ報われる、とくし丸方式を広げていく。

それぞれの地域で、その地域のスーパーが主体となり、そこに暮らす人たちの手によって、買い物に困ったというお年寄りをサポートする仕組み。

地域のことは、地域で解決していく。コレは、吉野川第十堰の住民投票で学んだことだ。

## 8月6日

暑いっ。けど、おばあちゃんたちは待っていてくれる。だから、暑いからって、休む訳にはいかない。日々、全国の販売パートナーさんたちは、おばあちゃんたちのお家まで車を走らせている。

本当に、アタマが下がる想いだ。もちろん僕だって、必要に応じて需要調査に出かけている。だからシッカリ真っ黒日焼け、だ。

けど最近、雑誌・新聞・TVの取材、シンポジウムや講演会へのお招き、新企画の打ち合わせや視察対応などなどで、ゲンバを離れる時間が多くなり過ぎている。

あ〜、ストレス、溜まるわ〜っ。

7月の、全国の売上関連データは、このようになっている。

総売上　　　　9686万7426円
延客数　　　　6万2973人
総販売点数　　40万8222点

年換算すると、10億円のビジネスに育ったことになる。1ヵ月間、述べ人数で6万人以上、お届けした商品は、40万点以上。地道な日々が、着実にお役に立っているのだと実感する。

さらに、8月9月の間に、北は岩手・秋田から、南は福岡・大分まで13都県で17台、徳島では19号車が開業する予定。

もちろん、拡大が目的ではないが、台数が増えることで「買い物に困った」というお年寄りを、ひとりでも多くサポートできることになるのだ。

**8月22日**

7月13日に、脇町・阿波町で開業した18号車・花岡和紀さんのお客さんから、喜びの声、キタ～。

花岡さんにも伝えてあるんだけど……、もっと言いたい。本当に優しい人です。来てくれて感謝してます。歳を取ったお母さんにも優しく声をかけてもらってます。これが何よりうれしいです。

買い物も時間がかかって迷惑かけてます、頼ってばかりで申し訳ないけど、すごい助かってます。花岡さんが来てくれるのが楽しみで、ずっとずっと、花岡さんに来てほしいと思ってます。

このような内容の電話だったらしい。「本当に喜んでもらってるのが伝わってきました」と、事務のマミちゃんもゆーとった。

## 8月25日

昨日、8月24日に、吉野川市山川町で19号車が開業した。おめでとうございます。パチパチパチ。担当は、藤田茂己さん、52歳、男性。生まれも育ちも、バリバリの山川町の方である。「ドコソコの、ナントカさんが、今度とくし丸始めたらしいわよ〜」っていうのが、地域の方々にとっては安心感に繋がるものである。だから、極力、販売パートナーさんは「ジモト」の方にお願いしたいと考えている。

で、10月には、松茂町方面で、いよいよ大台となる20号車の開業が決まった。そして全国では、年内の開業が、ナント98台まで確定している。「年内に100台」とオオブロシキを広げていたのだが、ソレももはや目前となってきた。

創業前の準備段階から数えると、ちょうど丸4年の歳月が過ぎたことになる。まだここまで、もうこんなところまで、やっとこれだけ……。どれが最もふさわしいのか、自分でも正直よく分からない。

でもコレが、今のとくし丸、なのである。

## ギアチェンジ！

### 9月8日

数日前に、TBSの朝の情報番組「ビビット」で、とくし丸が20分ほど紹介された（らしい……録画するのを忘れていて、未だにちゃんと見ていない）。

で、その直後から、メールと電話が一気に増えた。ソレはソレでとてもアリガタイことではあるのだけれど……。

連絡のある方々すべてが、アリガタイ方々ではなかったりもする。なかには、ほんの「ヒマツブシ」レベルの問い合わせだったり、まったくの「カンチガイ」の質問だったりする人たちが混じってくる。

僕も含めて4名でソレらに対応するのは、実はとても大変な作業となってしまう。

多少「イラッ」としようとも、できるだけ丁寧に、冷静にお応えしようとはドリョクしているつもりなのだが……。

イカンイカン。まだまだシュギョーが足りないのだ。相手に「イラッ」が伝わってしまったのではないかと、何度も感じてハンセーしてしまう。

オゴリません。どんなジョーキョーに陥っても。できるだけ、可能な範囲で、キョクリョク、そうしようと、本気で思っている。

## 9月18日

昨日、テレビ東京で「カンブリア宮殿」が放送されてからずっーと、メールと電話の対応をし続けていた。そしたら夕方、久しぶりに佐高信さんから携帯に電話がかかってきた。

「住友君、たまたまテレビ見たよ。でもね、カッコいいことばっかし言ってんじゃないよ〜」

イヤイヤ、ソレは決して僕の責任ではなくて、編集上、結果として、そーゆーふうになってた訳で……。

何ともウレシイ佐高さん流の電話であった。

テレビには、僕も観るまで知らなかった、吉野川第十堰住民投票のリーダーだった姫野雅義さんまで映っていたし……。ちょっと、本気で泣きそーになってしまったではないか。

第十堰の時の象徴は、「１２３」だった（1月23日が住民投票の投票日だった）。カンブリア宮殿は、たまたまファイルナンバーが「456」であったらしい。

僕すら気づかなった「123456」というそんな事実を、信頼するヒトが教えてくれた。

何か、いろんなものが、不思議なご縁で繋がっている。

## 9月29日

「カンブリア宮殿」でとくし丸が紹介されたのは、9月17日だった。が、いまだに続く、メールと電話の問い合わせ。その数、ちゃんと数えた訳ではないけれど、ゆーに100件は超えている。いや、もしかしたら200件オーバーかも。

初日なんぞは、ホームページのサーバーがダウンしてしまったほどだ。夜の10時から放送スタートで、その日の深夜12時までに、アクセス数はケタ違いの伸びを見せていた。恐るべしカンブリア宮殿、である。

が、たくさんの販売パートナー希望の方々にお応えできるだけ、スーパーのネットワークが構築できていない。ソレがめちゃくちゃ残念だ。せっかくの申し出に、すぐに応えられないこのモドカシサ。

スピードを、上げよう。ギアを、もう1段、アップしよう。待っていてくれるおばあちゃんたちは、全国津々浦々、まだまだたくさんいるのだから。

## 10月1日

「高齢ドライバー免許返納、これで不便返上」。コレは、いま発売中の「週刊朝日」に掲載されている記事のタイトルである。その後に、「買い物は移動スーパーで楽々」と続く。東京で提携しているスーパー「よしや」の、とくし丸が紹介されている。

今の事業を始めた頃から言い続けていた。

これからすごいスピードで高齢化していくと、高齢者の交通事故が必ず社会問題化する。そして、大きな事故が続き、TVや新聞で報道が繰り返されると、行政はやっと重たい腰を上げようとする。当然、免許の更新基準は、思いっきり厳しくなるだろう。

まさに、これからソレが始まろうとしている。

免許を失った瞬間、クルマに乗れなくなった途端、人は簡単に「買い物難民」になってしまうのだ。そう、かく言う僕だっていつの日かそうなってしまうはず。

買い物難民が増えることを、決して喜んでいるわけではない。しかし、僕たちのやっているとくし丸の出番が、コレからまさに大きく広がってくることは紛れもないジジツだ。

「買い物は移動スーパーで楽々」。果たして数年後、とくし丸はそんなお役に立てる存在になっているだろうか。

**10月9日**

なんか最近、負けている。つくづくそー感じる。かなりウレシク、ちょっとクヤシイ気もするのだけれど、最近、僕の文章より、京都北部にあるスーパー・フクヤで販売パートナーをやっている、水口美穂さんのブログの方が、圧倒的に面白い内容になってきている。

やっぱり「ゲンバ」でなければ「書けない」、魅力的な内容が盛り沢山なのだ。いや〜、ホントよく書けている。

このまま数年続いたら、単行本にしても充分勝負できる1冊に仕上がるのではないかと思うほどだ。

とくし丸の販売パートナーから、作家が誕生。そんな日が来るかも知れない。

## 初の全国ミーティング

**10月16日**

14日・15日の2日間、全国でとくし丸を導入していただいてるスーパーの担当者の方々が、初めて徳島にシューケツ。名づけて「第1回とくし丸全国ミーティング」なるものを開催した。

現在、全国25都府県、36社のスーパーと提携していて、稼働台数は77台。年内には100台超えも確定といった状況だ。

こうなってくると、電話やメールだけのやり取りでは、どうしても意思の疎通が疎かになる。やはりココは対面しなければ、ということになったのだ。

全国から集った50人以上の方々が、事例発表を行い、成功はn倍に、失敗はn分の1になるよう、情報交換を行った。

それぞれの地域のスーパーが自立しながらも、移動スーパーという仕組みでゆるやかに連携していく。それがとくし丸の目指すカタチだ。

次のステージに進むために、全国ミーティングはきっと皆さんのお役に立つはずである。で、今週日曜日。またまたTBSの「がっちりマンデー」に、とくし丸が登場する。

## 10月21日

「佐高信の筆刀両断」とゆーメルマガを、経済評論家・作家の佐高信さんが「まぐまぐ」で配信している。

「住友君。とくし丸のこと書いたから、読んでね〜。ただし、ユーリョーだけどね」って、購読するしかないではないか。

数週間前、佐高さんの事務所に遊びに行ったのがウンのツキ、である。その時話した内容が、そのまま記事になっていた。

**11月1日**

阿南高専機械工学科8期生同窓会に代打出席してきた。40年の時を経て、こんな場面に立ち会うことになろうとは、まさか思いもしなかった。

僕は11期生なのである。なのに、40年前にこの世を去った兄貴の代役で、8期生の同窓会にムリヤリ参加させていただいた。

記憶のハヘンでもいいから聞かせていただくことができるならという思いで、8期生が集まる同窓会に出席した。

18歳の夏、僕はアメリカにいた。連絡のつかないその時に、兄貴は海の事故で亡くなった。いわゆるシニメにあえないまま、兄の死を1ヶ月後に知ることになる。

その時、僕の人生観は決定的に変わったのである。

人生、いつ何どき、何が起こるか分からない。ならば、思うがまま、自由に生きていこう、と。

だからこそ、「あわわ」を立ち上げることができたし、今のとくし丸もスタートできたのだ。

人生で初めて、自ら進んで皆さんにビールを注いで回った。カケラでもいいので、兄貴の話を聞かせてもらいたかった。

僕の知らない兄貴の話を、あちこちで聞かせてもらえた。たわいもない話かも知れないけれど、僕にとってはココでしか知り得ない貴重な情報だった。

人生は、本当にドラマティックである。8期生の皆さんに、心から感謝する。

## 「あなたから買いたかった」

**11月23日**

時おり実家に立ち寄る実の娘さんが昨日やって来て、何かの用事で一緒に出かけたらしい。で、帰りに「お母さんもスーパーで買い物したら」と、大型スーパーに車を停めてくれたのだけれど……。

「でもね、今日とくし丸が来てくれる日だって気がついて、わたし何にも買わずに帰ってきたのよ～」

とくし丸はセレクトショップです、とは言うものの、荷台に載るアイテム数はどうがんばっても400種類といったところ。大型スーパーには1万種類以上の品が揃っているし、そもそもとくし丸では1商品につき10円上乗せする「＋10円ルール」を採用している。

いやいや、そこまでしていただかなくとも。たまには娘さんと品揃えの豊富な店頭で、ゆっくりお買い物を楽しんでもらったらいいのに。と、本当にそういうふうに思っている。

が、コレは取りも直さず、「アナタから買いたかったの」と言っていただいたのと同じこと。販売担当者として、これほど嬉しい「お言葉」はない。もーほんとーに、ちょっと泣きそうになってくるではないか。

お客さんの期待に応えられるように、さらに充実したセレクトショップに仕立て上げ、あらゆる窓口になれるよう、日々是精進していこう。

## 12月11日

少し早めの、フリカエリ。今年の年賀状に書いた文章が、コレ。毎年、直筆で一文字の漢字を書き入れて送るようにしている。書いた文字はひつじ年に因んで「翔」。

羊に羽がくっついて翔、なのかどーかは定かではありませんが、何となく、今年のスタートにはぴったりの一文字です。移動スーパー・とくし丸は、今年大きく飛翔する予定です。たぶん、おそらく、きっと……。すでに徳島県下で15台。県外でも、秋田県、福島県、東京都、静岡県、京都府、和歌山県、岡山県、広島県、高知県、愛媛県で、とくし丸を導入、或いは、導入予定となっています。２０１５年末までには、その台数が三桁を超えているはずです。とくし丸が全国各地を駆け巡り「買い物に困ってる」お年寄りの方々をサポートします。ほんの少しでも「ありがとう」と言っていただける仕事になればと、真面目に考える1年にします。

で、結果は。予備車を含めて、どーにかこーにかほぼ100台タッセイ、なのである。ではなぜ「ほぼ」かとゆーと、ナント、マサカ、ソリャナイゼの、99台……。

が、しかし。まだ12月は終わっていない。残り20日間ほどあるのである。なので、もしかしたら、何かの間違いで、誰かの申告ミスで、1台追加……なんてこともあるやも知れぬ。

いや、まー、数字に拘ってどーするよ。そんなことを目指している訳ではない。ソレはソレ、コレはコレ、なのだ。

と自分に言い聞かせつつ、ちょっと「小風呂敷」を広げ過ぎた自分をハンセイ。

## 【12月28日】

朝日新聞の「フロントランナー」で記事にしてもらったら、全国各地から講演依頼がドカドカ来るようになった。来年明けから、ほぼ毎月どこかで講演状態である。

もちろんそれまでの各種メディアに取り上げられた蓄積があってこその、今の状況なのだろうけど。その数は明らかに、格段に増えてきた。

依頼主は、地方自治体だったり、業界団体だったり、名の通ったコンサル会社だったり。なかには農林水産省なんてとこからも。

ただ僕は、ソレ自体が本業ではないので、ギャラは「オマカセ」にしているのだけれど、なぜか最近、その額もアチラガワで上げてきてくれる。

いやはや、本当にソレでいいのか、と思う。もしかしたら、いやたぶんきっと、コレこそがメディアのチカラではあるまいか。

ロシュッツすればするほど、虚像がいつの間にか肥大化し、周りが勝手にイメージを創り上げてしまう。果たしてその実態に、僕は付いていけているのだろうか。

ここんとこ、ちょっとプレッシャー。がしかし、とくし丸のビジネス・モデルには、さらに自信を深めてはいるのだ。

## 12月31日

とくし丸全車の2012年12月の月間売上は、580万円だった。翌年2013年12月は、1290万円。2014年12月は、4690万円。で、今年2015年12月が、1億6000万円を軽くオーバー。年間に換算すれば約20億、となる。

1台当たりの売上も台数も毎月アップしてきているのだから、当たり前と言えば当たり前の話だ。

ソレもコレも、利用してくれるお客さんがいて、そこに届けてくれる販売パートナーさんがいて、それを支えてくれるスーパーがあるからこそ、ここまでこられたのである。感謝。

焦らず、急がず、驕らず、思い上がらず、勘違いせず、スピード感を持って、使命感を持って、責任を持って、スケール感を持って、2016年を迎えよう。

2016年末には、月販5億円、年間取扱高60億、300台。コレが目標、だ。

いや、ちょっと「言い過ぎ」なのは、自分でも分かっている。分かってはいるが、思いっきり背伸びして、可能な限りジャンプすれば、何とか到達するかも知れない領域を、いつも僕は、モクヒョーとする。

# 第5章　―― 2016年以降 ―― 移動スーパー元年

## 月販1億7000万円超え！

**1月9日**

今日の朝日新聞に、昨年掲載された「フロントランナー」のランキングが発表されている。1位は、名作を撮り続ける映画監督・山田洋次さん。2位は、世界的指揮者・小澤征爾さん。う〜ん、誰も文句の付けようのない、ジュントーな方々である。

で、3位に目をやると、ナント、マサカ、そんなことあり得ない、けど、そーなってる……住友達也、なのである。

いや、コレは、スゴイ！ぞ。しかも、その次に続くのは、日ハムの若きピッチャー＋バッターの大谷翔平君なのである。なんだ、このビッグネームのサンドイッチ状態は。

ま、ココはとにかく、3位を素直に喜んでおこう。実際は、僕というよりも、たまたま取り組んでいるテーマが、社会的に注目を集めているということに過ぎないのだけれど。

**1月14日**

4年前の「とく丸」。決して脱字、ではない。コレが4年前の、会社設立直前までのネーミングだったのである。とくし丸設立は、2012年1月11日。そう、日付け的にはDAIGO

と北川景子の入籍日だ（何のカンケーもないけど）。

とくし丸が生まれる前は、実は「徳丸」であり、「得丸」でもある「とく丸」だったのだ。が残念ながら、これでは商標登録ができなかった。できるだけシンプルに仕上げたいと考えていたので、一文字増えるのは如何なものかと思いつつ、苦肉の策が「とくし丸」だったのだ。今となっては、ほんと「登録できなくって、ヨカッタ〜」なのである。もちろんツクリバナシではない。その証拠に、当時吸ってたマルボロメンソールの箱紙の裏に書き留めていたメモが、今も手元に残っている。

よくぞこんなものを残していたと、我ながら感心する。ま、トモアレ。

モノゴトの裏に隠されたストーリーとは、実はこんなものだったりするのである。そして5年目を迎え、とくし丸はさらなる物語を紡ぎ続けるのだ。

## 2月29日

2月の最終日。いつもの月より日数が少ないにもかかわらず、今日で全国のとくし丸の売上が、月販1億7000万円を超えた。年換算にすると、流通金額20億円トッパ、という計算になる。

全国市場で20億なんて、たかだか大した数字じゃないかも知れない。が、創業から丸4年、やっとここまで辿り着いたかと、カンガイヒトシオ。

もちろん、まだまだコレカラ。浮かれてはいないし、思い上がってもいない。それどころか、これから先の展開に、内心ハラハラドキドキ、なのである。

どこまできても、どこまでやっても、このココロの「揺れ」は変わることなく襲ってくる。やはり「完全リタイア」するまで、仕方のないことではあるのだけれど。

もう少し、ガンバロウ。

やらねばならないこと、やれること、やりたいことは、まだたくさん目の前をウロウロしているのだから。

## 交渉、講演、面談……

**3月5日**

先週から、今週、そして来週と、毎週、レンゾク出張、なのである。毎日数人の人と会い、それぞれ打ち合わせや交渉、講演をこなすのだけれど……。

これだけ多くなってくると、いつ、誰と、何の話をしたのかがグチャグチャにコンガラガって、整理をつけるのが大変になってくる。

ブルーチップ部長の中野さん。ベルクの社長と専務。ヤクルトの役員。森永乳業の副社長とマーケティング担当社員の方々。オイシックス社長の高島さん。コスモスベリーズの三浦会長。農水省の方々と買い物難民問題を取り扱う大学関係者。メガネの三城の木戸さん。カメラマンの吉川君。DMM.com会長の亀山さん。

来週は、日本財団会長の笹川さん。評論家の佐高信さん。雑誌「俳句界」の編集者。滋賀県福祉協議会関係者の皆さん。トップワールドの社長。

もはや、整理することすら危うくなってきている。大丈夫、だろうか。

が、これくらいの、いやこれ以上のスピード感を持って、今年はとくし丸を全国に広めていくのだ。グチグチ言ってるヒマがあったら、まずは、動こう。

## 3月8日

なぜ、朝からスカイツリーに上るハメになったのか。その原因は、昨日の話にさかのぼる。日本財団会長の笹川さんに面談し、その後スタッフの方々と中華料理。で、ここでウカツにも紹興酒をたくさんいただく。

タクシーに乗って、次の約束の場へ。相手は、シアターブルックの佐藤タイジ君。よせば良いのに、またまたフカザケ。

翌朝ヘロヘロ状態で、昼近くまで寝てようと思ったら、タクシー会社の方から電話が入る。「黒の手帳、タクシーに忘れてないですか?」

あ〜。昨夜の移動中に、スケジュールがすべて書き込まれている手帳を置き忘れてきたのだ。今日の約束は、午後から山の上ホテルで、佐高信さんと雑誌「俳句界」の対談。ゆっくり移動で充分間に合うと思っていたのに……。

タクシー会社の事務所は、なんとスカイツリー近くの押上。とにかく急いで動かねば。って訳で、ついでに朝からスカイツリー、なのである。

そして今、僕は京都にいる。明日、滋賀県大津市に移動して、講演。翌日、大阪に向かって、スーパー経営者と面談。

お座敷が掛かるうちが、ハナである。とにかく、動こう。

## 3月12日

ケイエイシャである前に、ひとりのニンゲンでいたい、と思う。仕事絡みのオツムでいると、ついついアレヤコレヤのシガラミにガンジガラメにされてしまい、本音を口にすることが憚られることになる。

でも、人はヒトであることを大切にせねば。ソレは簡単なようで、結構ムズカシイことだったりする。

原発は、止めよう。人がコントロールできないものを、なぜまだ続けようとするのか。経済的にも仕組み的にも、すでにハタンしていることは、もはや明らかではないか。

安保法案は、廃止にしよう。戦争をしない国で、いいではないか。平和ボケなどと言うヤツもいるが、平和ボケのどこがいけないのだ。

そのために、すべての選挙で、自民党には決して投票しない。経済ウンヌン以前の話である。ニンゲンの本質に関わる問題だ。

人間でいられなければ、経営者でもいられないのだから。

## 3月18日

先週あたりは、単なる過労くらいに考えていた。背中の筋肉はバリバリで、喉はイタイは、カラダはダルイは……。

が、それも限界を超えてきて、耐えきれずに昨日カカリツケの病院に行ってみたら、なんと、インフルエンザだった。

風邪で仕事を休んだということ自体、僕の記憶にはない。それほど今まで、ゲンキでタフにやってきたのに。

ここ最近のハードなスケジュールと、プレッシャー、キンチョー、ストレスは、自分の想像を超えていたのかも知れない。そこに持って来て、インフルエンザ感染、である。「熱が下がってからも、数日は他者との接触はさけるよーに」との、お医者さんの指導なもんだから、仕方なく、ここ数日は自宅でゴロゴロ。

こんな経験も、たまにはいいだろう。ジタバタせずに、覚悟を決めて、休もう。

## 4月26日

ショージキに、言う。今年に入って、ほとんど現場の仕事をしていない。いや、できていない。現場に足を運んだとしても、ソレは視察の立ち会いだったり、研修の説明のためだったり。アレほど「現場が大事」と語っていたのに。何なのだろうか、このジョーキョーは。

もちろん「サボって」いるわけではない。それどころか、ドトーのように毎日が過ぎ去っていく。よせばいいのにアレやコレや、アッチコッチに手を出し過ぎて、右往左往状態なのである。

食品メーカーのサンプリング調査企画。移動ATMの仕組み作り。家電取り扱いに向けての交渉。衣料品専用車構想。各地での講演。それにプラスして、電力会社への抗議やジューミンとしてのカツドー。

せめてもの「救い」は、120人を超える全国の販売パートナーさんたちのブログをコマメにチェックし、現場の空気を感じ取ること。

最近、販売パートナーさんのブログがやたら増えてきて、本当に頼もしく思うのである。そしてソレらは、まさに「ゲンバ」に出ている人たちしか書けない、こころ温まる内容ばかり。販売パートナーの皆さん。僕は決して「ラク」してるワケではありません。そこんとこ、ほんと、ご理解ください。

## 変化

**6月12日**

とくし丸関係者の皆様へ
変わるもの。

変えるべきもの。

変えてはいけないもの。

２０１２年１月の創業から丸４年が過ぎ、株式会社とくし丸も皆さんのおかげでやっとここまで来ることができました。現在、27都府県、41社のＳＭと提携し、１４０台以上のとくし丸が全国各地を走っています（契約済みを含めると、34都府県、53社、１７３台となります）。

これまでの数少ない経験で学んだのは、真面目に誠意を持って一生懸命ガンバルこと。事業に関わる皆さんといかに協力関係を強化するか。等々、いろんなことが必要だと教えられました。が、中でもしっかり心に刻んだのは「事業の成長過程に合わせた組織のあり方」です。

時代は、確実に変化します。企業は、いかにその時代に求められる存在であり続けられるか。それが最も重要な課題だと感じています。

まだ4年、たった4年ではありますが、とくし丸の成長過程において、周辺環境も大きく変わりつつあります。

もはや、個人事務所的経営では、関係者の皆さんに様々な迷惑をかけることになってしまいます。やはり「変化する環境」に合わせて、今こそ我々の組織は「変えるべき」時期になってきました。

でも、周辺がどんなに変化したとしても、「創業の精神」は「変えてはいけないもの」だと考えています。そもそも、何のためにこのとくし丸を立ち上げたのか。決して「金儲けの道具」として創業した会社ではなく、持続可能な収益構造を獲得しつつも、結果として関わる皆さんに「喜んでいただける会社」にしたいと考えての設立でした。

そして、株式会社とくし丸は、変わります。

２０１６年6月１日から、食品宅配をメイン事業とする株式会社オイシックスと、とくし丸は一緒になりました。

これは今後、３００台、５００台、１０００台を目指して行くためにも、それに対応できるだけの強固な組織を創っていく必要に迫られた上での判断です。

オイシックスの社長である高島宏平さんは、若干42歳です。その若さにプラス、現場を大切にする人でもあります。価値観、考え方、若さ、行動力、どの点を取っても、安心してとくし丸をバトンタッチできる相手が、オイシックス株式会社でした。

とはいえ、しばらくは株主が変わるだけで、今まで通り僕は代表権を持った社長をそのまま最低２年間続けることになっています。いや、体力・気力が続くなら、その後さらに何年でも「社長を続けて良し」という条件付きです。

すでにオイシックスから、優秀なスタッフが送り込まれて来ており、正直、とても助かっています。それは、今後とくし丸の事業展開を進めて行く上で、大きな力となるはずです。

変わるもの　　時代・周辺環境

変えるべきもの　　周辺環境に応じた組織・仕組み

変えてはならないもの　創業の精神

突然のお知らせになってしまいましたが、今回の経営判断をぜひ前向きに捉えていただき、引き続き、株式会社とくし丸へのご協力・ご支援をお願いします。

時代は、間違いなく向こう20年間、とくし丸の存在を求めてくれるはずです。それに応えられるよう、さらに全力でとくし丸の経営に臨みます。
（当時、関係各社に送付した手紙を、そのまま掲載）。

## 6月18日

ビートルズに教えられた拓郎に、教えられた。そんな感じ。「第1回日本サービス大賞」、とゆー中の、農林水産大臣賞というのをもらった。聞けば全国853社応募の中から「選ばれた」賞であるらしい。交通費も出ないので、授賞式に東京まで行こうかどーか、正直少し迷ったのだけれど……。

ま、ここはひとつオトナな対応をしなければと思い直し、出席してみた。ソーリの安倍さんも出席するよーな、それなりにケンイある賞らしい。

選挙間近なこの時期に、ノコノコ出かけていくのもいかがなものかと思ったけれど、吉田拓郎の唄「ビートルズが教えてくれた」が頭の中を流れていた。

♪勲章を与えてくれるなら
女王陛下からもらってしまおう
くれるものは　もらってしまえ♪

この賞は、第一線で頑張っている販売パートナーさんをはじめ、提携先のスーパー各社さんがもらったようなものである。僕は、その「代理」で出席しただけだ。

## 7月11日

今すぐの課題。数日後のテーマ。数ヶ月後の目標。数年先の夢。アレやコレやを意識しながら、ドトーのように過ぎ去って行く日々を、処理していかねばならない。

そんな中での、参議院選挙。

結果は、期待を大きく裏切られ、自公大勝。キブンがどーんとダウンする。けど、時間だけは止まることなく進んでいく。

なので、やっぱりいつものチョーシで仕事をこなし続けるしかない。が、しかし。決してアキラメているわけではなく、近くを何とかしつつ、常にしっかり遠くも見据えて考え続ける。ケイエイも、しかり。アキラメズ、クジケズ、オレズ、ナゲダサズ。想いを強く、前を向いて、顔を上げて、何とかなるさと大胆に、そして繊細に。

明日から、また、出張。ココのところ、毎週シュッチョー。

# 大阪、北海道、栃木へと展開は続く

## 8月2日

先月末、台湾のオフィシャルな団体から招待を受けて、台北で講演。パンフレットに掲載された僕のカタガキは「Ｔｏｋｕｓｈｉｍａｒｕ行動商店公司執行長」であった。なるほど。

とてもマジメな台北の3日間を終えて、そして、昨日・今日と大阪へ。

待ちに待った、やっと来たたか、マチクタビレました、大阪初の、とくし丸第1号が、ついに開業したのである。

大阪の地元スーパー「トップワールド」が、とくし丸を導入してくれたので、昨日は前日の準備チェック。そして本日、メデタク出発式を行い、そのまま販売ゲンバへ。

テレビ大阪、毎日放送、関西テレビの3局が取材に来てくれたおかげもあって、とても賑やかに。

ある団地では、20人以上のお客さんが出て来てくれて、初日としては、6万円オーバーの順調なスタート。

大阪の開業が他の地域より遅かった分、これから一気にカバーエリアを広げていくぞ

〜！！！

**8月31日**

北海道札幌。もう何年ぶりになるだろう。昔やってたタウン誌の、社員旅行で来て以来ではないだろうか。ひょっとすると20年近くも前のことになるかも知れない。

なのに今回、北海道らしいところといえば、札幌時計台に足を運んだだけ。2泊3日も滞在したのに……。

ま、でも収穫はたくさんあった。地元のスーパー関係者にも会えたし、僕がやっていたタウン誌「ASA（アーサ）」の初代編集長だった、北室かず子さんにも久しぶりに再会できたし。

彼女は今、札幌でフリーのライターとして活躍しているらしい。出会った当時から「何てユーシューなヤツだろう」と思ってただけに、今も立派にお仕事に励んでいる。

今回をキッカケに、是非とも、とくし丸を北海道で走らせたい。また来るぞ、北海道。

**9月12日**

司馬遼太郎の書いた『竜馬がゆく』全八巻を、やっと読了。思っていた以上に、のめり込んで読んでしまった。オモシロイ。

藤沢周平が、心のヒダに食い込んでくる単館上映の少々地味な映画だとするなら、『竜馬がゆく』は超スペクタクルなハリウッド大作、ってとこか。

(例え話は、あくまで「例え」であって、あまり深く受け止めないよーに。イメージの問題である。あくまで)

で、先月、松山市のスーパー・セブンスターの社長・玉置さんに薦められた映画「帰ってきたヒトラー」を、東京で観てきた(ちなみに、玉置さんは、伊丹十三記念館の館長代行であり、伊丹プロダクションの社長でもある。本格的に映画好きの方なのだ)。

この映画は、どちらかと言うと単館上映作品。タイトルからして、まったくのコメディかと思いきや。ところがどっこい、とんでもなく奥深く、スルドイ作品なのであった。

ぜひとも原作を読んでみたい、と思う。こんな「ヒネリ」のある作品は、大好きだ(映画と原作は、後半三分の一くらいがかなり違うらしい)。

シゴトは、もちろん大事だけれど、たまには良質の作品にたくさん触れる時間も必要だ。それは、回り回って、シゴトにもどこか役立つはずだから。

## 9月27日

2015年9月17日、テレビ東京で放映された「カンブリア宮殿」に、とくし丸が登場。その時のインタビューが掲載された『カンブリア宮殿 村上龍×経済人 スゴい社長の金言』という本が、日本経済新聞出版社から発売された。ぜひお買い求めの上、読んでいただければありがたい。

孫正義、柳井正、鈴木敏文、稲盛和夫（敬称略）などなど、錚々たる経営者の皆さんに混じって（紛れ込んで）、僕も紹介されている。

## 11月10日

何やら、ニッポンのど真ん中になるのが、栃木県佐野市であるらしい。「佐野らーめん」でユーメーなところである。

そこに「道の駅・どまんなかたぬま」という、とても大きな商業施設が存在する。生産者の直売所をはじめ、地元の物産を扱うショップ、本格的な中国料理レストランから、ジェラート、鯛焼き、おだんご屋さん。入り口近くには足湯まで用意されている。駐車場に至っては、400台を軽く超えるらしい。

ま、とにかくニッポンのど真ん中で、たくさんの人たちを集めている人気の施設なのだ。で、とくし丸初、栃木県初、道の駅でも初、という「初々づくし」で、12月上旬にとくし丸が開業する。

「道の駅」という新しいチャンネルに初挑戦する。何としてでも軌道に乗せよう。

## 11月26日

一昨日から広島県に入って、広島市初のとくし丸開業前の積み込み準備をお手伝い。で、昨日、Aコープ西日本1号車となる、とくし丸の出発式に立ち会う。

販売パートナーの福島慎太郎さんは、このとくし丸をスタートさせるために、引っ越しまでして臨んだ個人事業主である。何としてでも、早い段階で軌道に乗せられるようサポートせねばと思っていた。

ソシタラなんと。初日の売上9万855円という、オドロキの数字だった。もちろんこの結果は、開業前の需要調査をしっかりしていただいた、Aコープ西日本スタッフの皆さんのおかげ。そして、おばあちゃんたちに気配り万全の、福島さんの人柄も大いに影響している。

大手やコンビニが、続々と移動スーパーに乗り出してきている。成長期には必ず起こる「ブーム」が、いよいよ到来したようだ。

が、とくし丸は浮かれることなく、ブームに便乗することなく、今までやってきたことを、ジミチにコツコツ、マジメにセイジツに、ただひたすらお客さんの方だけを向いてやり続けよう。

今までも、これからも。

# ２００台超えまで少し

## 12月8日

毎週、研修受入。毎週、出張。ここんとこ、そんな日々の連続である。徳島での研修に来られた県外スーパーのスタッフの皆さんに、とくし丸の考え方やノウハウを、まずは座学で学んでいただく。

で、現場研修に入ったスキを見つけて、県外へ出張。コレはスーパーへの事業説明であったり、オイシックスとの打ち合わせであったり、はたまた講演だったり。

毎日のように需要調査で徳島県内をくまなく歩いていた1年前と、ガラリと仕事内容が変わってきている。

たった1年ではあるけれど、ケッコーゲキドーの1年であったようだ。

昨年の今頃は、年末までに１００台トッパ！と意気込んでいたが、結果99台という、何ともビミョーな結果に終わった。

で、今年は２００台トッパ！が、これまた昨年同様、ビミョーな気配なのである。

が、4年弱で１００台かかったのを、今年は1年で１００台増にしたのだから、ソレはソレで、まー、そこまで自分に厳しくなくてもいいのではないか、などと、アレやコレやの、いわゆるEわけを並べ立てたりしたりして。

とゆーことで、今年も残すところ後20日少々。ウダウダ言ってないで、走り抜けよう。

## 12月16日

朝8時のフェリーに乗るため、少し早めに車を出して、ガソリン満タンにしておこうと途中のGSに立ち寄った。で、給油を済ませて乗り込もうとすると、ドアにロックがかかって開かない。

キーは差し込んだまま。ジャケットも、この日のために作っておいた事業説明用の資料も、バッグもすべて車の中。不幸中の幸い、財布と携帯だけはポケットの中だった。

すぐにJAFに電話をするも繋がらず。たまたま家に帰って来ていた娘に連絡して、スペアキーを持ってこさせるも、コレがまた機能せず。

時は一刻、イッコクと迫ってくる。

15万キロ以上走っている遠出用の、このボロ車に見切りをつけて、娘が乗って来た小さな車に乗り換えて、とにかく約束の場所、和歌山県那智勝浦に向かうことに。

フェリーで2時間少々。その後、和歌山港から紀伊半島をほぼ半周する180キロに及ぶ距離を、だたひたすら休むことなくウンテンし続ける。その間、事務所に連絡し、必要資料をメールで送ってもらい、訪問先でプリントアウトするように依頼。

何とかギリギリ目的地の「Aコープなち店」に辿り着き、とくし丸の販売パートナー希望者数名を前に事業説明と質疑応答を約2時間。で、すぐさま来た道をそのまま、まさに「とんぼ返り」なのである。

が、これまた帰りの高速道路が工事中で大渋滞。乗るべきフェリーの時間に間に合わすため、食事も摂らず休憩もせず、ただただヒタスラ車を走らせる。

そして文字どおり「間一髪セーフ」で乗船し、疲れ果ててドーニカコーニカ帰還した。那智勝浦、遠い。今日は、もはや、コレマデ。

## 大手の参入

**【2017年1月5日】**


今年はまさに「移動スーパー元年」になる年と言っていいだろう。イオン、イトーヨーカ堂などの大手スーパー、コンビニ各社が、こぞって移動スーパー、移動販売に乗り出してくる。

とくし丸はすでに丸5年近くも前から移動スーパーをやっている。準備期間を入れるともう6年にもなる。

組織も資金も、大手から見れば吹けば飛ぶような弱小ではあるけれど、ただひとつ「ゲンバで培ってきたノウハウ」だけはどこにも負けない。

人と人が顔を合わせて商売をさせていただくこの移動スーパーというシゴトは、机上論では得られない、ゲンバでなければ手に入らない仕組みなのだ。

もう数十年も前に、楽天の三木谷さんと1時間ほど話をさせてもらった時、楽天の出店数はまだ700か800店ほどだった。その時も、まさに「ネット販売元年」の頃だった。

楽天の好調さに目をつけた大手商社や企業が、数十億円単位の投資をして楽天を追撃しようとしたが、三木谷さんの楽天は見事に逃げ切った。

なんとなく、その時の空気感を思い出す。とくし丸は移動スーパーのトップランナーであり続ける。資金や組織の大きさの問題ではなく、血の通った市場に支持を得るビジネスであり得るかどーか。

今年は、まさに「真価が問われる」1年になりそうだ。

## 1月14日

『どアホノミクスの正体』という本が発行された。副題は「大メディアの報道では絶対にわからない」である。

おなじみ経済評論家の佐高信《さたかまこと》さんと、エコノミスト・浜矩子《はまのりこ》さんの対談をまとめたものだ。この中で、「とくし丸に見る経済活動の原点」というタイトルで8ページにわたり、とくし丸のことが語られている。で、浜さんの言葉が、僕にも深く入り込んでくるのである。

最初に採算を考えるのは、実は経済活動の本来の考え方ではありません。市場《いちば》がどういう経緯で成立したかというと、はじめに人々のニーズがあったからで、ここに市場《いちば》をつくれば採算が取れるという発想から始まったものでは決してない。

経済活動というのは取引です。そして取引とは人と人が出会うことにほかならない。「とくし丸」の事例で言えば、小型移動車が軒先に出向いて、販売者がおばあちゃんたちとお話しする出会いが必ずある。その出会いが採算上の成功にもつながっていることが示されています。大規模化し、効率化し、一括化し、標準化することが広がれば広がるほど、実は経済活動は本来の姿から遠ざかる。人と人の出会いがなくなればなくなるほど、経済は衰退に向かう。

しかり。である。

本の帯にも「人間を無視した経済は、必ず破綻する」と書かれている。大規模化、効率化、一括化、標準化は、可能な限り、するまい。

とくし丸の事務所近くに、この春、大規模化、効率化、一括化、標準化の見本のような「イオンモール」が開業予定だ。僕は、その反対側に向かって走ろう。

## 1月17日

200台トッパ記念。って、実はまだもう少しだけ先なんだけど、準備だけはしておかなくちゃと、用意したのが、「靴下型ガマロ+缶バッジ」である。

デザインを違えた3個のオリジナル缶バッジを、靴下型ガマロに入れて、販売パートナーの皆さんに、こっそり贈ろうというコンタンだ。

きっと喜んでもらえるだろう。たぶん、うまくいけば、もしかすると、願わくば、アタマ下げるから、喜んでほしい。

超ローコストの記念品ではあるけれど、とくし丸スタッフみんなで悩んだ末に決定した記念品なのである。

お届けは2月上旬頃になるか。突然届いたら、皆さんの嬉しさもバイゾーするに違いない。そして、それにはこんなお手紙をつける予定。

---

ありがとうございます。

とくし丸が、ついに、やっと、いよいよ、遅ればせながら、200台をトッパしました。これも、毎日本当に頑張っていただいている販売パートナーの皆さん、そしてサポートしていただいているSM各社の皆さんのおかげです。

心から感謝します。ありがとうございます。できれば言葉だけでなく、何かの記念品を皆さんにお贈りしたいと考え、ささやかではありますが、同封の品を準備しました。缶バッジの入れ物になっている「靴下型ガマロ」は、小物入れとしてご利用ください（伸びるのでメガネケースにも利用できます）。

今年は、イオンやイトーヨーカ堂をはじめとする大手SM、コンビニ各社が、こぞって移動スーパー・移動販売に乗り出してきます。まさに、「移動スーパー元年」の年になりそうです。でも、とくし丸には、巨大な資本や組織にも「絶対に負けないゲンバで培ってきたノウハウと人間関係の蓄積」があります。それは紛れもなく、とくし丸を支えていただいている皆さん各個人の中に存在する「ノウハウと蓄積」です。

人と人の、心の通じ合った本来の「商売」を大切にし、お客さんに喜んでいただくことはもちろん、この仕事に関わる皆さん自身も喜びを感じられるとくし丸に育てたいと思っています。

認知と付加価値をさらに高め、常に移動スーパーのトップランナーでいられるよう頑張ります。300台、500台、1000台を目指して、引き続きご協力、よろしくお願いします。

## 時代の波を味方に

**1月28日**

「関西スーパー」の出発式に出席するため昨日、兵庫県伊丹市へ。大阪と兵庫で60店舗以上を展開する、スーパー業界ではとても有名な「関西スーパー」で、いよいよとくし丸が走り出した。出発式には、伊丹市長をはじめ、警察署、メディア関係者の方々等、たくさんの人たちが集まってくれた。

来月2月には関東で約100店舗を運営するスーパー「ベルク」が、とくし丸を導入してくれることになっている。

いよいよ、だ。そろそろ、だ。ついに、だ。これから、だ。間違いなく、だ。「移動スーパー元年」が、まさに今年幕を開ける。その幕を開けるのは、僕たちとくし丸でなければならない。

時代の波は、確実にとくし丸に味方する。この時を、僕はじっと、待ち続けていた。

**2月10日**

この春、京都北部にあるスーパー・フクヤで、とくし丸販売パートナーをやっている水口美穂さんが、初の単行本『ねてもさめてもとくし丸――移動スーパーここにあり』（西日本出版社）

を出版する。

スゴイッ！

いや、本当に、カイキョ、である。もしかしたら、いちばん驚いているのは、水口さん本人かも知れない。

が、コレは、ジジツ、なのである。なぜなら、実は今、僕がその「あとがき」を書いているのだから。

僕にしたら、久々の3000文字の文章となる。なので、少々肩にチカラが入り過ぎて、ここ数日シクハックしているのだ。

ま、それはいい。そんなことより、この本の話が重要だ。

コレが、とても面白い。とくし丸の「ゲンバ」に出ている人にしか書けない「ジジツ」が綴られていて、かなりのカンドー物に仕上がっている。

もしかしたら、映画にしてもいけるんじゃないかというほどの、笑いと涙に溢れた作品だ。

ぜひ、買って、それから、読んでいただきたい。

## 2月18日

15日、群馬県庁で講演をした後、埼玉県へ移動し1泊。翌朝、スーパー・ベルクの、とくし丸出発式に出席し、午後には東京新宿の「カタログハウス」へ。

落合恵子さんが連載する「通販生活」で対談をするためである。落合さんとは初めてお会いしたにもかかわらず、イキトーゴー。メルトモになるお約束まで。

この模様は、4月20日発売の「通販生活・夏号」に掲載される予定なので、ぜひ読んでいただきたい。ちなみに現在発売中の春号での対談相手は、小泉純一郎さん。

そして昨日、17日の午前中はたまたま時間が空いてたので、「デヴィッド・ボウイ展」へ。ファンということでもないのだけれど、その存在感には興味を覚える。とても品質の高い展示内容だった。

で、昼から、共同通信と地方新聞社が主催する「地域再生大賞」の授賞式へ。とくし丸以外にも、各地域でそれぞれの知恵と工夫による、次世代の息吹が芽吹いていることを知り、とても心強くなった。

数年ぶりに、国民投票・住民投票関係でお付き合いのあった佐賀の満岡さんにも、偶然お会いできたし、何よりイキのいい年下の人たちと話をするのは、とても楽しい。

さて、今から五反田駅近くで佐高信さんとランチを食べて、その後、オイシックス本社でナンヤカンヤの打ち合わせ。

夜には徳島に帰って、来週明けには、和歌山県「ＪＡみくまの」で、とくし丸1号車の出発式である。まだまだ、動かねば。

## 2月22日

今日、ジンセー初の内視鏡検査。しかも下からのやつである。昨日の夜から絶食し、今日の午前中、ずっと下剤を1・8リットルも飲み続けていた。

数週間前にケツベンがあり、医者に行ったら即、検査とゆーことに。知り合いの医者に聞いたら「それはマズイですよ。困ったことになったら、いつでもソーダンに乗りますから」と言われ、ちょっとだけ不安に。

しかも今日の検査前に担当医が「ま、こういった場合、7、8割はガン、なんですよね～」って。さすがの僕も、少し考えてしまった。

よし。もしもガンなら、新しく車を買おう。それも思い切って欲しいヤツにしよう。借金してでも買ってやろう。そーだ、マセラティだ。

ンなことを、お尻をさらけ出しながら考えていた。

結果。ポリープ2個、ハッケン。そう、単なるポリープであったのである。ひゃ～、良かった。ガンじゃなかったんだ。と、本気でホッとした（ま後日、1泊2日の手術はするのだけれど）。

それにしても、自分のアサマシサ、アサハカサを思い知らされてしまった。この期に及んで、マセラティ、である。他に考えるべき重要案件はいくらでもあったはずだ。シゴトの後始末はどーするのか、周りの皆さんにどうシマイを着けるのか。せめてマセラティを買う金があるなら、ペシャワール会や国境なき医師団などに寄付するとか。なぜもっとマトモなことに気持ちがいかなかったのか。

その後僕は大いにハンセーし、16万キロ近く走っている愛車を、今後も乗り続けようと固く誓ったのであった。

## 3月1日

「この世は夢よ、只狂え」。この言葉を教えてくれたのは、映画監督の鈴木清順さんだった。タウン誌「あわわ」を創刊してまだ間もない頃、徳島を訪れた鈴木監督にインタビューに行った時、記念に色紙に書いてもらった言葉だ。

先週の新聞記事で、そのコトを知った。鈴木清順さん死去。

鈴木監督の代表作とも言える「ツィゴイネルワイゼン」は、今も鮮明に、何となく、覚えている。原田芳雄さんの演技もセットになって。

「何せうぞ、くすんで。一期は夢よ、ただ狂え」

「閑吟集」の中に残されている、この詩から抜き出したものらしいけど、鈴木監督に書いてもらった色紙は、今でも大切にとくし丸の事務所に飾られている。

時代を創った、魅力的な方だった。この言葉は、これからも大切にさせていただこうと思う。

## 4月25日

今月、またもオイシックスから2名のスタッフが送り込まれて来た。コレで徳島事務所だけで、合計6名となる。

思い起こせば去年の初め、創業期から一緒だった村上君が、もうひとりの社員・鈴江君と一緒に徳島のスーパー・キョーエイを担当するため独立し、とくし丸事務所は僕と事務のマミちゃんの2人体制であったのだ。

よーするにその時期は、僕の個人事務所的規模の会社であった（もはや会社とすらいえない）。が、昨年6月にオイシックスとガッタイし、荒川伸太郎君、佐藤禎之君の2名が。で、この4月に、坂本真之君、岸本綾君（オトコである）、2名のシャインが送り込まれてきて、事務所は手狭になってしまっていた。

なので。あわわビルの4階から3階へ。2倍の広さにお引っ越ししたのである。

せっかくだから、古びたグレーの事務用キャビネットを塗装し直し、若手アーティストの藤本有香さんに、直接イラストを描いてもらった。

これが、とてもイイ。

なかには、キャビネットを通り越して、壁にまで描き込まれていたりする。楽しい。

事務所も新しくなり、新人スタッフも増員し、コレから一気にカバーエリアを広げていく。はずだ。

## 5月27日

ジマン、というより、オドロキなネタ。今、発売中の「週刊現代」で、「いま日本でいちばん信用できる人ベスト100」という記事が掲載されている。

そのリード文を引用すると「その人の発言に耳を傾けるかどうかは、結局、信用できるかどうかにかかっている。ブレない信念があること、分をわきまえていること。識者の意見を集めると、信用できる人の条件が見えてきた」と、ゆーことらしい。

で、ベスト10の中には、1位ビートたけし、6位瀬戸内寂聴、8位タモリなんて著名な人たちがならんでいる。

で、ナント。その中に紛れ込んで、76位に僕が掲載されているのである。

昨夜、評論家の佐高信さんと食事をしてたら「住友君、載ってたよ〜」と言われて初めて知った。

イヤハヤ、マサカの人選である。もちろんコレには佐高さんの意見が大きく反映されたとは思うのだけれど、何とも嬉しい記事掲載と言える。アリガタイ。そして、さらに選ばれたことにズレないようにしなければと思う。

ちなみに、この記事の次のページを開くと、「徳島の地元財界は大騒ぎ。この夏、阿波おどりに中止の危機」というタイトルで、徳島新聞に関するドロ～ンとした記事が掲載されている。徳島新聞の批判文章は著書『あわわのあはは』にも書いたけど、10年以上経過して、ここでまた繋がるとは、やはり何かのインネンか。

## サンプリング調査の実施

【6月5日】

今日現在、全国でとくし丸が200台以上走っているのだけれど、そのうち150台で、森永乳業の「毎朝爽快」という商品を、ナント4万5000本無料配布。「毎朝爽快」は、高齢になるほど増加する便秘気味な人たちにとって、ツヨイ味方となる商品。でも1本飲んだだけではその効果が分かりづらいので、ここはもう太っ腹の3本セットでプレゼント、となったのである。

3本×100セット×150台＝4万5000本（自由参加のため、200台のうち、

150台で実施)。1台のとくし丸で、それぞれ便秘に悩むおばあちゃんたち100人に、この商品を飲んでもらい、その良さを知っていただこうという企画なのだ。

たぶん。

全国の80歳前後のおばあちゃんに、コレだけの数を短期間で手渡しし、しかも商品説明までできるチャンネルは、とくし丸だけではアルマイカ。

とくし丸は、単なる移動スーパーにあらず。サンプリング調査までやってのける、もはやインフラであり、メディアなのである。

これからさらに、食品販売のみに止まらず、あらゆる付加価値事業をプラスしていく。

## 6月20日

プチカンドーな、お話をひとつ。徳島で2号車を担当している金本秀樹さん。前担当者からの途中交代だったので、最近ちょうど開業1周年を迎えることになった。

で、気遣い満点の彼は、「1年間、無事に販売を続けられたことに感謝して、おばあちゃんたちに何かお礼をしたい！」と考え、やったのが「ジャンケン大会」。

彼が担当するすべてのお客さんとジャンケンして、ささやかな賞品(小さな袋入りお菓子の詰め合せ)をプレゼントしようというもの。

コレがやってみたら、とても喜ばれたらしい。なかには「何十年ぶりかにジャンケンをした」と涙ぐむおばあちゃんまでいたという。

確かに。80歳、90歳になって、ジャンケンをする場面って、そんなにないよなぁ。でも、久しぶりにジャンケンして、子供の頃を思い出して、ホントに嬉しかったんだろうなぁ。

って言っても、実は「勝敗に関係なく全員にプレゼント」したらしい。コレまた、泣かせる話ではないか。えらいぞ、金本さん！

## 7月20日

毎日、全国の販売パートナーさんから、その日の売上報告が集まる。客数、点数、売上金額、そしてさらに、その日のコメント。

今日はどんなものが売れた。今の時期に積み込むオススメ商品はコレ。そんな書き込みが続々と集まってくる。こうして1年間積み重ねた情報を、今年の参考情報として月単位で販売パートナーさんへフィードバックする。コレがとても効果的なのだ。

1つひとつはささやかな情報かも知れないが、それがたくさん集まると、思った以上のチカラを持って起ち上がってくる。まさに「スイミーの話」ではないか。現在、全国でのとくし丸台数230台。さらにチカラが増してくる。

## 8月16日

僕の横に座っている事務担当のマミちゃんが、なぜか電話口で涙ぐんでいた。またどっかのキツイ方から、クレームの電話でもあったのかと思ったのだけれど。

聞けば、以下のようなお話であったらしい。

毎週とくし丸に来てもらっていました。母は先週、調子悪くて寝ていたようです。出られずにすみませんでした。この夏、ぐっと体調をくずし、いろいろ考えた結果、施設に入所することにしました。今週から訪問はストップしてください。

どこにも外出できないのですが、とくし丸さんが来てくれるので、いろいろ買い物ができて、楽しく頑張れたんだと思います。

少しでも長く、自宅での生活を続けられたことは、本当に嬉しいことです。半年間ありがとうございました。販売の方に、よろしくお伝えください。

どうやら、とくし丸が訪問していた、お客さんの娘さんからいただいた電話であったらしい。

とくし丸の担当者に対して、とても感謝していただき、マミちゃんと娘さんは、話しながらつい一緒に涙したそうである。

いや、本当に、アリガタイ。こんなに言ってもらえると、こちらも思わずグッときてしまう。お母さんが施設に入るのは、とても残念なことではあるけれど、自宅での暮らしを、最後までサポートできたことは、少しだけ誇りに思う。

まだまだ台数を増やし、こんなふうに喜んでいただけるよう、とくし丸を広げていかねば。と、強く強く、思う。

## ヤメル歳宣言、撤回

**【8月26日】**


ウレシサも、中の上なり、カンレキの夏。

5年前の55歳の時に、5年間は「とくし丸」にボットウし、「60で、ヤメル」と宣言していた。で、まずは、皆さんのおかげでここまで辿り着けたということに、心から感謝する。

さすがに「60で、ヤメル」なんて言わず、何とか５００台、１０００台を目指すことができれば、とは思う。けど、さて後何年やれるやら。

今回は、「ヤメル歳を宣言する」のはヤメテおく。

少なくとも、もうしばらくは走り続けなければナルマイ。

## 9月20日

それまでは、ベッドサイドにメモ帳とボールペンを置いていた。常に眠りの浅い僕は、夜中に何度となく目を覚まし、寝ぼけたままで枕元のメモ用紙に何やら書き込む。

その時は「忘れちゃイケない」と、ホンキで思ってメモるのである。が、判読しかねる文字で書かれたその内容は、だいたいにおいて「あまり役立たない内容」だったりする。

が、しかし。100個書き連ねると、その中に珠玉のネタが混じり込んでいたりするのである。思い起こせば5年前、深夜の3時頃にふっと目覚め、メモったのが「+10円ルール」だった。まさに突然、天から降ってきたのである。

このままでは事業を続けることができない。ナントカ手を打たないとポシャってしまう。そんな強い危機感の中で、悶え苦しみながら「ヒラメイタ」のが、+10円ルールだった。今や、そのアイデアが、とくし丸の事業を大きく支えてくれている。さらに、競合他社も当たり前のように「+10円ルール」をパクって導入している。僕にとっては、それはそれでツーカイな成り行きだ。

考える。とにかく、考える。それこそ「寝ても覚めてもとくし丸」であったのだ（今も、ね）。悩めよ、さらば、開かれん。考え続ければ、とにかくナントカなるのである。

で、今は、メモ帳の代わりに、スマホで自分自身にメールを送り続ける。それが毎夜の習慣になっている。

真夜中のメールを打ち続ければ、必ずどこかで、最高のアイデアが生み出される、と思う。たぶん、きっと、そうであってほしい。じゃなきゃ、ただのアホ、である。

## 10月4日

「グッドデザイン賞・ベスト100」を受賞した。いや、はや、ま、何と言おうか。「喜びも中くらいなり、受賞の結果」ってとこか。

どうやら、グッドデザイン賞の大賞は逃したらしい。が、しかし、何とかベスト100には、滑り込みの入賞である。

ジャンルは「ビジネスモデル」。如月舎の藤本孝明さんがデザインしてくれたヴィジュアル・デザインは、とてもレベルが高く、車両デザインだけで勝負してたら、もっといい結果になっていたかも知れないけれど。

ま、ベスト100に選ばれただけでも、ありがたいことである。ここは素直に喜んでおこう、と思う。

受賞発表は、まさに、今日。

## 10月14日

久しぶりに、徳島のとくし丸販売パートナーさんが集まってのベンキョー会を開催。名づけて、とくし丸・徳島ミーティング。

成功事例をn倍に、失敗事例はn分の1に。台数が増えれば増えるほど、その効果は圧倒的に大きくなってくる。

現在、キョーエイ24台、オオキタ2台、ニコー1台。そして香川のキョーエイで3台。計30台の販売パートナーさんが、とても有意義な情報交換をしたのである。

で、その後の記念撮影。もう車両台数が多過ぎて写真に納まりきらないほど。いや、ほんと、ウレシ。

さらに、10月24日・25日には、全国のとくし丸スーパー担当者の方々約90人が、東京に集まっての「とくし丸全国ミーティング」を開催。

現在、41都道府県、提携スーパー80社、約２５０台のとくし丸が稼働している。

まだまだ、だ。

## 10月18日

一昨日、昨日と、アメリカ・オハイオ州で、「天助マーケット」という店舗を運営している方が、わざわざ徳島まで視察に来られた。

元々、鹿児島出身で、個人的な用で帰国したそのツイデに徳島に寄ってくれたのである。

とくし丸のことは、インターネットを通じて、いろんな番組で見ていてくれたらしく、事前情報もバッチリだった。

しかも、日本にいた頃、東京で移動販売の仕事をしていた経験もあるという。何というご縁であろうか。

もしかしたら、近いショーライ、とくし丸がアメリカの大地を走っているかも知れない。ま、その時は、さすがに軽トラックではなく、せめて1トントラック以上のサイズになるだろうけど。気の早い僕は、すでにアメリカ仕様のネーミングプランを、昨夜思いついた。もちろん、まだナイショ、である。

## 双方向メディアとしての存在に

**11月16日**

昨日の朝日新聞・関西版に、とくし丸の「郵便サービス」についての記事が掲載された。

日本郵便と交渉を始めたのが3年前。徳島で4台のみ実証実験を始めたのが1年前。やっとココまで辿り着いた。

が、まだまだ本番はコレから。全国にこのサービスを広めたいと思う。食品の買い物に困っているおばあちゃんたちは、郵便局や、ポストまで行くのも大変なのだ。

今はまだ実証実験段階だけれど、何とか全国で「動く郵便サービス」を実現したいと、真剣に、本気で考えている。が、行政の壁は、まだまだ厚い。

## 12月2日

環境省が主催する「グッドライフアワード」の結果が、昨日発表された。

で、最優秀賞にはならなかったのだけれど、次点の優秀賞をもらうことになった。

ココんとこ、受賞はするけど、いつも「イチバンじゃないんです」っていう結果が続いている。

ま、いっか。まずは、素直に喜んでおこう。が、あくまで「まずは」である。

確かに、とくし丸が走ることで、お年寄りの食環境、生活環境は確実に改善される部分はあるだろう。そして、そこが認められての受賞なのだと解釈している。

でも、人の営みには必ず「功罪」がつきまとう。もちろん、とくし丸の事業すべてが、決して「功」ではあり得ない。

「功」の陰には、どうしたって「罪」がつきまとうのだ。

なので。手放しで喜んでいてはいけない。もう一度襟を正し、「功」を最大限に。「罪」を最小限にするための工夫を常に心がけなければ、と思う。

これからもさらに、「できるだけ」功の大きな、そして罪の少ないとくし丸に育てていきたいと思う。

## 12月14日

今日、九州の佐賀県で、とくし丸が開業した。佐賀県初の、1台である。そして来年2月には、熊本県での開業が決まっている。

なので、残すは、宮城、新潟、宮崎、沖縄のみである。

早く47都道府県すべてのエリアで、とくし丸を走らせたい。いや、単にビジネスとしてではなく、とくし丸が来るのを待っていてくれる高齢者の方々がたくさんいるはずだ。

だから、とにかくスーパー経営者の方々にとくし丸の仕組みを知っていただき、導入の意思決定をしてもらわねば。

そして、僕はこの歳になって、全国を行脚することになるのである。まさか、こんなふうになるとは。もちろん、やっている仕事が移動スーパーなだけに、僕も泣きごと言わず、むしろ喜んで移動する。

## 12月31日

今日は2017年の12月31日。当初の計画より1年ズレたけど、全国のとくし丸で取り扱う月間流通金額は5億6000万円を突破。全車両の平均日販は、年末需要も加わって、驚異の9万1777円を記録した。が、残念ながら台数はちょっと言い過ぎの、277台と300台に届かず。

やれやれ、世の中、なかなか思うように運ばないものである。でも、だからこそ、面白い。

これからのとくし丸は、単なる「移動スーパー」に止まらず、あらゆる商品・サービスをお届けする窓口を目指すため、衣料品や家電の取り扱い、お掃除や郵便サービスの提供。さらにサンプリングやヒアリング、アンケート調査の実施を商品化する。加えて、おばあちゃんたちの持っている情報を集めて再加工し、逆に世の中に発信する「おばあちゃんのレシピ大賞」、「昔の美人写真コンテスト」などなど、いろんなことができる。こうなれば、もはや立派なインフラであり、メディアとなる。

さて、来年は、どーなることか。

## 2018年1月8日

年賀状ではなく、近況報告。

ということにしておいてください。どうやら親族に不幸があった場合、この国では年賀状を出すのはよろしくないようなので。

２０１７年3月に父が。そしてその数週間後に大好きだったミュージシャンの加川良さんが、この世を去って行きました。

かくいう僕も、ついに60歳のカンレキを迎えました。さて、あと何年、今の仕事を続けることになるのか。それは自分自身の体力と気持ちと、周りのヨーボーと相談しながら決めていきたいと考えています。もちろん、キレのいい去り際を目指します。

とはいえ。まだまだ「やらねばならないこと」は、目の前に山積みです。サッサと片付けるつもりが、これがまたなかなか手強くて。たぶん２０１８年も最後まで走り続けているのだろうな、とは思います。

何せうぞ、くすんで。一期は夢よ、ただ狂え。

## あとがき

きちんと創業の記録を残すために、そして自分を励ますために、書き続けてきた日記。1年目は、出張先だろうと酔っぱらっていようと、ほぼ毎日、創業の熱、現場の熱を綴ってきた。創業から4年半後の2016年6月、オイシックス（オイシックス・ラ・大地株式会社と商号変更）と合体し、とくし丸は、新しいステージに入った。いや、だからといって安堵しているわけではない。いよいよ、だ。そろそろ、だ。ついに、だ。そう。本番はこれからなのだ。

そして僕は、といえば、ドトーのような忙しさは相変わらずなのだが、熱とともに突っ走ってきた今までとは、少々気持ちが変わってきている。現場から遠のき、ケイエイに軸足を移さねばならなくなった、そのせいかも知れないが。

日記への書き込みもグッと減ったし、創業記録の役割は、ほぼ果たせたように思う。

今更だけど。吉田拓郎の「イメージの詩」。

古い船には新しい水夫が　乗り込んでゆくだろう

古い船を今動かせるのは　古い水夫じゃないだろう
何故なら古い船も　新しい船のように　新しい海へ出る
古い水夫は知っているのさ　新しい海の怖さを

ってことで、とくし丸の第二創業期も、もはやとっくに過ぎ去って、次の若い人たちが、次世代の新生とくし丸を育ててくれればいいな、などと、そろそろ真剣に考え出している。

ちなみにこの本のタイトル『とくし丸のキセキ』は、とくし丸の「軌跡」であり「奇跡」であると最初に書いたけど、実はサブタイトルにも意味が込められている。「ザッソー・ベンチャー」は、「雑草ベンチャー」であり「That's so venture」でもあるのだ。だから、ダブルの「ダブルミーニング」ってわけ。

僕個人の「第二創業」は終わり、次の世代が、とくし丸の「第二創業」をやってくれればいいと思っている。それが、楽しみ。

今現在、全国で300台以上のとくし丸が走っている。毎週数台が開業しているから、来年には500台を突破しているはずだ。そして目指すは、1000台。月商は、今年6月時点で6億円にまでなった。しかも毎月台数が増えるとともに急速な伸びを示している。果たして僕は、どこまで立ち会えるのだろう……。

最後に、この本を出すに当たって協力していただいた、西日本出版社の社長・内山正之さんとスタッフの皆さん、装丁を担当してくれたデザイナーの藤本孝明さん、編集をカゲで支えてくれた古くからの友人でありユーシューなコピーライターである明丸節子さん。帯原稿を書いてくれた評論家の佐高信さんとオイシックス・ラ・大地社長の高島宏平さん。また、忙しい中、本作りに時間を割いてしまい迷惑をかけた、とくし丸スタッフのみんな。たくさんの方々の協力でこの1冊を仕上げることができた。

そして何より、とくし丸を支え続けてくれている、お客さんのおばあちゃんたち。毎日ハンドルを握って商品を届けてくれている販売パートナーの皆さんと、彼らをサポートしてくれているスーパースタッフの皆さん。他にも、とくし丸を陰で応援してくれているすべての皆さんに、心から、本当に、感謝。

2018年7月10日　とくし丸事務所にて　住友達也

### 稼働台数と月次流通総額の推移(2018年4月時点)

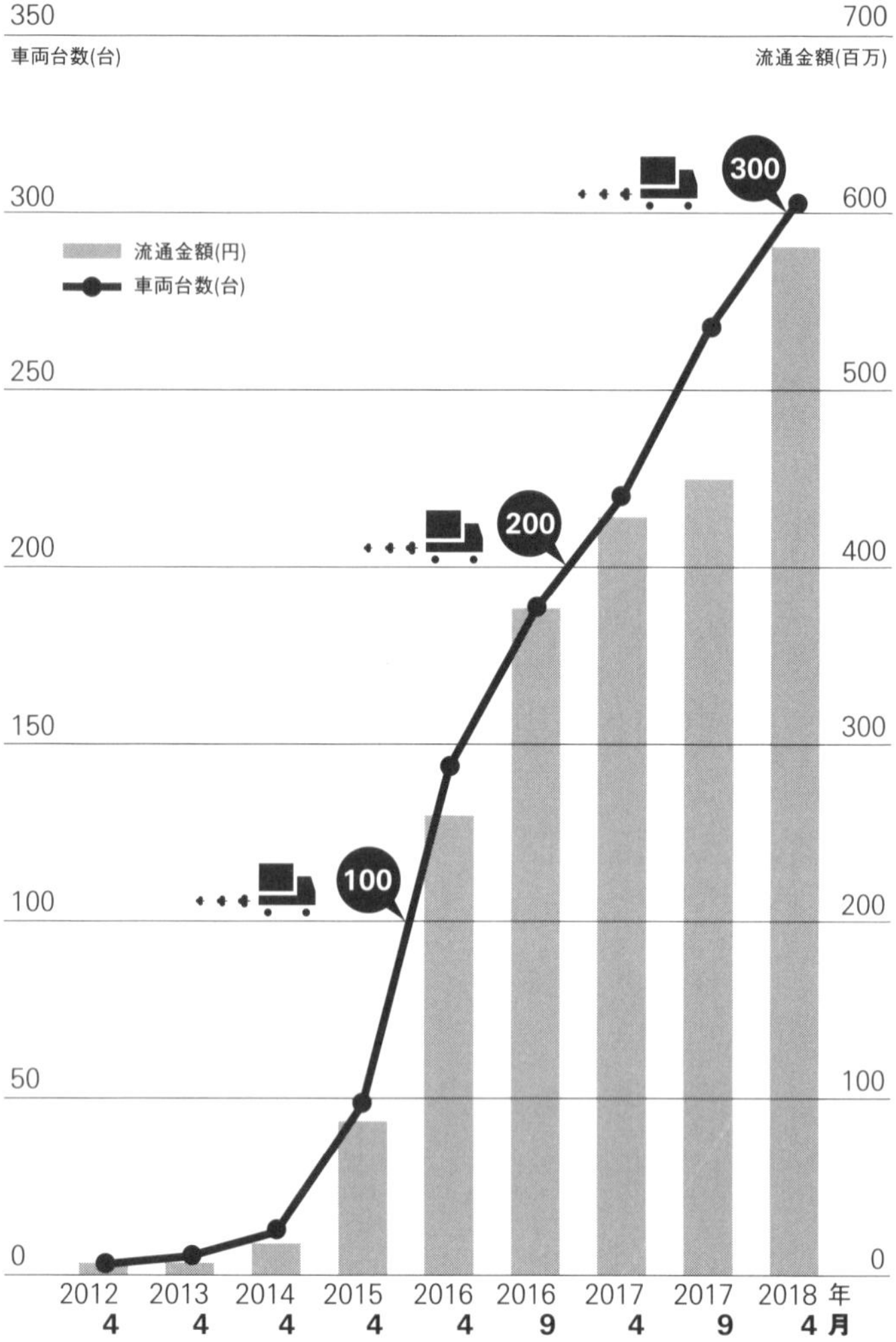

## とくし丸の都道府県別 稼働台数 (単位:台)

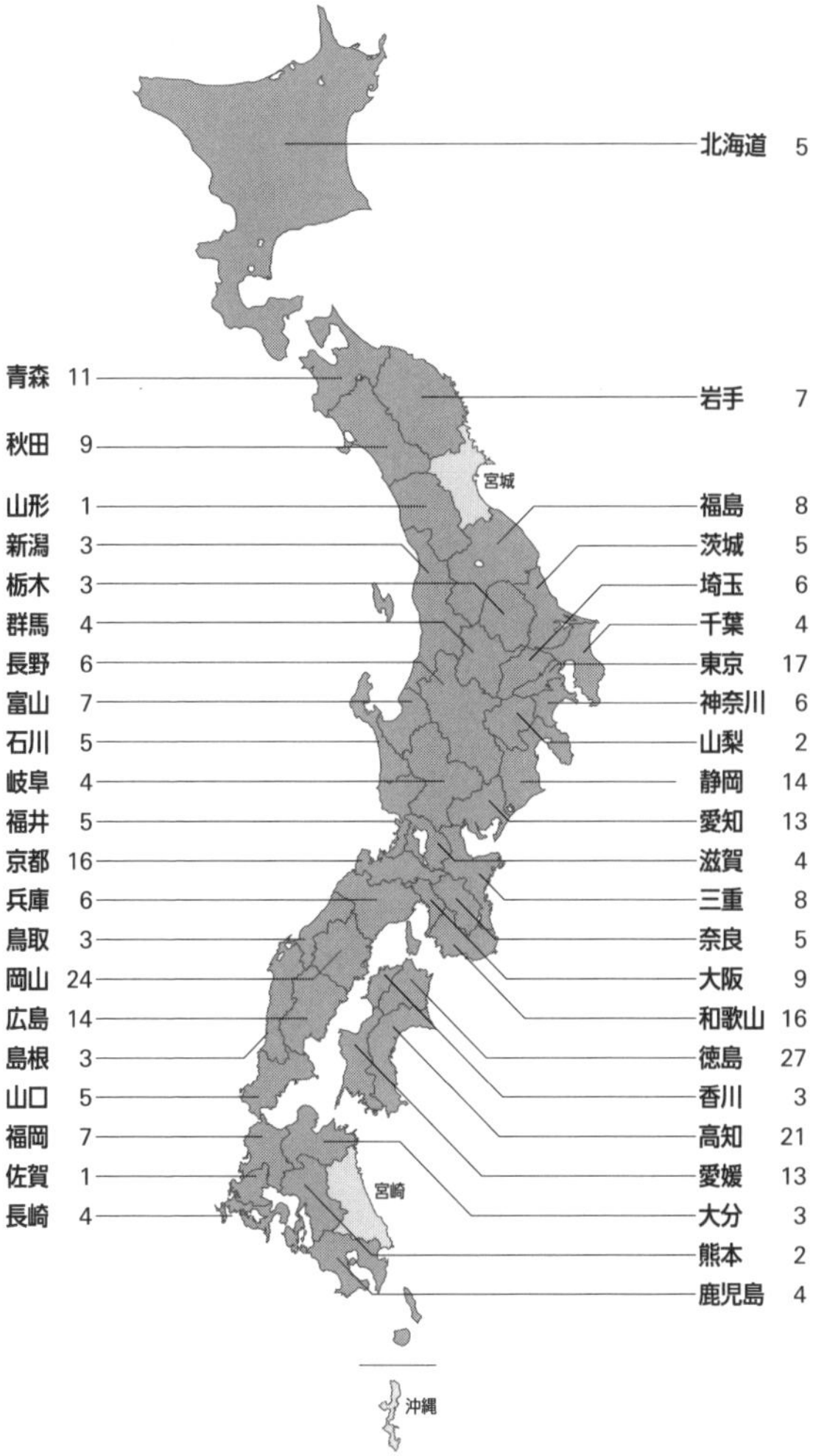


*稼働台数は2018年7月1日現在(開業予定含む)

## とくし丸の都道府県別 提携スーパーマーケット（単位:台）

### 北海道エリア
北海道 5　ダイイチ 3／チューオー 2

### 東北エリア
青森県11　よこまちストア 8／カケモ 3
岩手県 7　Aコープ北東北 7
秋田県 9　よねや 4／アマノ 4／Aコープ北東北 1
山形県 1　トー屋 1
福島県 8　いちい 8

### 関東エリア
茨城県 5　セイミヤ 4／セイブ 1
栃木県 3　どまんなかたぬま 3
群馬県 4　うおかつ 3／ベルク 1
埼玉県 6　全日食チェーン 1／矢尾百貨店 2／ベルク 3
千葉県 4　T-MART 1／ナリタヤ 2／コモディイイダ 1
東京都17　丸正 2／よしや 3／文化堂 3／ベニースーパー 1／コモディイイダ 3／いなげや 5
神奈川県 6　文化堂 3／オックス 1／しまむらストアー 1／いなげや 1

### 北陸・甲信越エリア
新潟県 3　マルイ 1／にいつフードセンター 2
富山県 7　ヴァローレ 5／マルワフード 2
石川県 5　どんたく 5
福井県 5　ワイプラザ 5
山梨県 2　いちやまマート 2
長野県 6　岡谷生鮮市場 1／ニシザワ 3／いちやまマート 1／ナピカ 1
岐阜県 4　ファミリーストアさとう 2／スマイル 2
静岡県14　ナガヤ 3／サンゼン 3／カネハチ 1／ヒバリヤ 2／スーパーラック 1／杏林堂 3／よどばし 1
愛知県13　やまのぶ 4／JAあいち豊田 1／サンエース 2／ヤオスズ 2／あつみ 2／ヨシヅヤ 1／ヤマダイ 1
三重県 8　ぎゅーとら 8

### 近畿エリア
滋賀県 4　パリヤ 1／サンライズ 2／スター 1
京都府16　フクヤ 9／三ツ丸ストア 5／リバティ長岡 2
大阪府 9　トップワールド 2／サンプラザ 1／関西スーパー 4／ナカガワ 1／近商ストア 1
兵庫県 6　こめやストアー 1／三ツ丸ストア 1／関西スーパー 2／マイマート 2
奈良県 5　ヤマトー 4／近商ストア 1
和歌山県16　サンキョー 2／JA紀州 6／バリューハウス 3／JAみくまの 5

### 中国エリア
鳥取県 3　天満屋ストア 1／エスマート 2
島根県 3　グッディー 2／Aコープ西日本 1
岡山県24　天満屋ストア 24
広島県14　ニチエー 10／Aコープ西日本 3／ショージ 1
山口県 5　ユアーズ・バリュー 2／まるき 3

### 四国エリア
徳島県27　キョーエイ 24／フードセンターニコー 1／オオキタ 2
香川県 3　キョーエイ 3
愛媛県13　波止浜スーパー 2／セブンスター 10／Aコープ西日本 1
高知県21　サニーマート 16／末広 2／スーパー丸味 2／サンシャイン室戸 1

### 九州エリア
福岡県 7　アスタラビスタ 3／ジョイント 1／サンリブ 3
佐賀県 1　アスタラビスタ 1
長崎県 4　東美 4
熊本県 2　ユーマートトクナガ 1／にしだ 1
大分県 3　ユーマート中山 3
鹿児島県 4　なりざわ 2／ハルタ 1／グリーンストア 1

### 合計
契約スーパー: 98社　343台

*契約スーパー、台数は2018年7月現在(開業予定含む)

## 住友達也 ［Sumitomo Tatsuya］

株式会社とくし丸代表取締役。日本ペンクラブ会員。

1957（昭和32）年生まれ。徳島県阿波市土成町出身
1978（昭和53）年　国立阿南高専機械工学科卒業。

1980（昭和55）年　渡米（ロサンゼルス在住）。翌年帰国し、徳島にてタウン情報誌「あわわ」を創刊。

1984（昭和59）年　株式会社あわわ設立。

1988（昭和63）年　株式会社アーサ設立。タウン情報誌「ASA」創刊。

1998（平成10）年　「第十堰住民投票の会」の代表世話人の1人として参加。

1999（平成11）年　稲盛和夫塾長の「盛和塾」で、「稲盛経営者賞」受賞。

2002（平成14）年　株式会社あわわから、月刊誌「050（ゼロゴゼロ）」創刊。

2003（平成15）年　M&Aにて株式会社あわわ、株式会社アーサを手放す。

2003（平成15）年　個人事務所「sumitomore（スミトモア）」設立。

2004（平成16）年　初の単行本『徳島タウン誌風雲録―あわわのあはは』（西日本出版社）出版。

2005（平成17）年　朝日放送の生ワイド番組「ムーブ！」にて、約半年間コメンテーターを務める。

2012（平成24）年　移動スーパー「株式会社とくし丸」設立。

2016（平成28）年　オイシックス株式会社と提携。

2018（平成30）年　とくし丸が、全国で300台を突破。

**●「とくし丸」受賞歴**

「第1回日本サービス大賞」にて「農林水産大臣賞」（2016年）。

グッドデザイン・ベスト100（2017年）。環境省グッドライフアワード優秀賞（2017年）。

**●連絡先**

株式会社とくし丸
徳島県徳島市南末広町2-95　あわわビル3F　TEL：088-612-7028
http://tokushimaru.jp　info@tokushimaru.jp

ザッソー・ベンチャー 移動スーパー
# とくし丸のキセキ

2018年8月27日 初版 第1刷発行

著者 住友達也

発行者 内山正之
発行 株式会社西日本出版社
http://www.jimotonohon.com/
〒564-0044 大阪府吹田市南金田1-8-25-402
[営業・受注センター]
〒564-0044 大阪府吹田市南金田1-11-11-202
TEL:06-6338-3078 FAX:06-6310-7057
郵便振替口座番号 00980-4-181121

デザイン 藤本孝明(如月舎)
組版 藤本孝明+藤本有香(如月舎)
印刷・製本 株式会社シナノパブリッシングプレス


ISBN 978-4-908443-30-5 C0034